Leomare Qualtinger

Biedermeierliebe

Leomare Qualtinger

Biedermeier Liebe

AMALTHEA

Schutzumschlag: Nick Hermanns, München
Satz: Ludwig Auer, Donauwörth
Druck und Binden: Mohndruck
Graphische Betriebe GmbH, Gütersloh
Printed in Germany 1982
ISBN 3-85002-163-7

Inhalt

Meines Vaters Haus

Engelbert Schicketanz, Rentier und Hausbesitzer auf der Wieden, frühstückte am Morgen des 15. Juni 1821 ausgiebig wie immer: genießerisch tauchte er das zweite Kipferl, das dick mit Butter bestrichen war, in die heiße Schokolade. Er liebte Süßigkeiten (eine Neigung, die sich nicht nur auf das Essen bezog), er war ein stattlicher Mann Ende 50, der das Leben und seinen Reichtum zu genießen verstand. Seine Frau Hermine, um zwanzig Jahre jünger und durch die Heirat vor vierzehn Jahren aus dem dienenden Stand zur Haus-Mitbesitzerin emporgestiegen, teilte ein drittes Kipferl, um es ihrem Engel, wie sie ihn nannte, herzurichten. Doch der Engel stöhnte plötzlich und ließ sein Kipferl in die Schokolade fallen. Es gab einige dunkle Flecken auf dem gestickten Tischtuch, doch das war nicht alles: der herbeigerufene Arzt stellte fest, daß der Schlagfuß Herrn Schicketanz in eine bessere Welt befördert hatte.
Der jähe Tod des vitalen Mannes brachte die Witwe dermaßen außer sich, daß sie nicht wußte, was sie zuerst tun sollte: sie ließ also anspannen und fuhr auf den Graben, um Trauerkleidung einzukaufen. Ihr verstorbener Engel lag indessen im Wohnzimmer auf dem »Laden«, von der Dienerschaft aus dem Schlafrock geschält und in würdige Kleidung gehüllt. Wie es kam, daß sich die traurige Neuigkeit bis in

die Alservorstadt verbreitete, wissen wir nicht, doch fuhr zwei Stunden später ein Fiaker auf der Wieden vor, dem eine verschleierte Frau und ein etwa achtjähriges Mädchen entstiegen. Die beiden eilten ins Haus und warfen sich, wehklagend, vor Engels Leiche auf die Knie. »Oh, du mein Alles, mein Engel«, kam es von den Lippen der Frau. »Mein Papale«, klagte das Mädchen. Die Hausleute, Zeugen solchen Jammers, verhielten sich abwartend. Da schlug die junge Frau ihren Schleier zurück und sagte energisch zu dem Stubenmädchen: »Flora, die Hermin' hat noch nie gewußt, was sich gehört. Da« – sie reichte dem Stubenmädchen Geld –, »kauf' einen Sarg samt Übertan!«
Flora nahm das Geld. »Sicher«, setzte die junge Frau hinzu, »hat die Hermin' auch vergessen, das Trauergeläut' zu bestellen. Lauf zum Pfarrer, Flora, und mach's aus.«
Flora kam den Aufträgen nach. Bald wurde ein Sarg geliefert. Schicketanz fand nun das Lager darin, das ihm zustand, und die junge Frau und das kleine Mädchen versanken in Gebeten zu seinen Füßen.
Gegen Mittag kehrte Hermine Schicketanz in Trauerkleidung und mit vielen Paketen zurück, Flora, die am Fenster stand, nahm es wahr. »Um Gottes Willen, Theres'«, sagte sie zu der jungen Frau, »die Gnädige kommt.«

Theres' erhob sich. »Komm, Sophie«, sagte sie zu der Kleinen. Eilends begab sie sich aus der hausherrlichen Wohnung im ersten Stock ins Erdgeschoß, wo die Familie Unterberger wohnte. Sie hatte kaum die Schwelle der Unterberger-Wohnung überschritten, als Hermine mit ihren Paketen ins Stiegenhaus trat. Aber wo war Sophie? Ach, das arme Kind kniete noch immer zu Füßen des Sarges, der ihren Vater barg!

Hermine trat mit ihren Paketen ins Wohnzimmer. Sie begriff die Situation sofort, wußte sie doch seit langem, daß ihr Engel eine ehebrecherische Beziehung zu Therese Pfundsthaler unterhielt, mit der sie, Hermine, seinerzeit gemeinsam im Dienst beim Fürsten Lobkowitz gewesen war. Aber sie, Hermine, war dann zum Schicketanz in den Dienst gegangen, und sie hatte den verwöhnten, reichen Witwer erobert. Es war unerklärlich, wie Gottes Ratschlüsse es ja immer sind, daß Schicketanz weder in seiner ersten Ehe, noch mit ihr, Hermine, zu Kindersegen gelangte, erst bei der Theres' wurde er Vater – wenn's wahr war: Hermine traute der Theres', die um acht wichtige Frauenjahre jünger war als sie, jede Niedertracht zu!

Da kniete nun der angebliche Sprößling Engels, der viel Geld für diese Herminen angetane Demütigung ausgegeben hatte, vor des Vaters

Sarg. Hermine sagte, bebend vor Zorn: »Verschwind'!«
Sophie verharrte.
»Verschwind'«, wiederholte Hermine. »Sonst lass' ich dich von der Polizei abholen.«
Das Kind verharrte.
»Saumensch«, sagte Hermine, außer sich vor Zorn, »genauso ein Saumensch wie deine Mutter!«
Dem kleinen Mädchen rannen die Tränen über die Wangen, doch es blieb auf den Knieen. Hermine rief den Hausmeister. »Der Fratz muß weg«, sagte sie. Der Hausmeister und einige Diener versuchten, die rabiate Witwe zu beschwichtigen. Aber die Vorhaltungen, daß das Kind »ja nichts dafür« könne, steigerten nur Hermines Zorn. Sie riß Sophie vom Sarg weg. Hermine schleppte die Kleine zur Türe und stieß sie die Stiege hinunter. »Das vergesse ich Ihnen nie«, sagte Sophie.
Der Haß, der ihr aus den Augen Sophies entgegenloderte, beeindruckte Hermine Schicketanz nicht: sie hatte Wichtigeres zu tun. Wieso war ihr Engel in einem Sarg aufgebahrt, den sie nicht bestellt hatte? Sie verhörte das Stubenmädchen Flora. Es kam heraus, daß Therese den Sarg bestellt hatte.
Hermine fand, daß Therese nichts zu bestellen hatte und sandte den Hausmeister um einen

anderen Sarg. Als der Hausmeister fort war, läuteten vom Pfarrturm die Glocken. Die Wiedener Bürger hörten das Geläut und kommentierten wienerisch-ironisch: »Wenn's zu Mittag läut', is ein Hausherr g'storben.« Denn arme Leute konnten sich solche Ehrung nicht leisten.
Hermine fragte das Stubenmädchen Flora: »Hat die Theres' das Läuten bestellt?«
Da Flora ängstlich nickte, sagte Hermine: »Ich zahl's nicht. Geh zum Pfarrer und bestell' das Läuten ab.«
Flora gehorchte, und nun wurde nicht mehr für den Engel geläutet. Er kam auch in einen anderen Sarg. Den freigewordenen ersten Sarg hieß Hermine den Hausmeister auf einem Schubkarren in die Alservorstadt transportieren. »Die Theres«, fand sie, »soll ihn aufheben, für sich oder ihren Bankert!«

Ein Jahr nach Engels Tod traf ein Brief bei Hermine ein:

Madame – Sie geruhten, mir und meinem Kind den Sarg unseres unvergeßlichen Vaters zu senden. Es ist sein Jahrestag, wir gedenken seiner, den es so rasch hinwegraffte, daß er kein Testament mehr machen konnte. So geht meine Sophie, die ihrem Papa alles war, leer aus, und Du, Minerl, hast geerbt. Du wirst schon was anfangen mit der Erbschaft, Du duckmäuserische Krot! Mir bleibt der Sarg, in dem MEIN Engel ruhte, bald werde ich darin liegen, denn ich sterbe, Minerl, ich bin schwindsüchtig, meine Tage sind gezählt! Aber ich hab' die Sophie, der Du nichts gönnst, reich bedacht. Sie erbt von mir meinen ganzen Haß auf Dich und meine Rache. Dir ist nie etwas an meinem Engel gelegen, Du bist aus Stein und denkst nur ans Geld. Ach, hättest Du nur ein bisserl Nachsicht für mich und die Sophie aufgebracht, denn elend sind wir Weiber alle! Für ein bißl Liebe geben wir uns hin, nichts kommt zurück als Haß auf unser eigenes Geschlecht. Du hast mich den Sarg zahlen lassen, Minerl, auch das Geläut hast mich zahlen lassen, unsere Kränze am Friedhof hast Du auf den Mist geschmissen, der Totengräber hat's mir gesagt. Ich sterbe im Elend, aber meine Sophie wird mich rächen. Vergiß es nie.

Therese

Zwei Jahre später zogen auf der Wieden die »Urthelweiber« in gewohnter Weise herum: sie boten die »ganz neuche Beschreibung« der Malefizkerle aus, die bei der Spinnerin am Kreuz justifiziert wurden. Da niemals genug gehenkt wurde, boten die Urthelweiber auch löschpapierene Druckerzeugnisse an, die etwa besagten: »Kund' von den 100 000 Wiener Jung-

frauen, die im heurigen Fasching keinen Mann kriegt haben und jetzt den Stephansturm reiben müssen«, bis zur Beschreibung verschiedener Erdbeben von »Wien bis ins Chineserland«.
Die Urthelweiber fanden sich auch vor den Kirchen ein, wo Eheschließungen stattfanden, und kommentierten für ein Trinkgeld die Sachlage: das Geld war rar, anno 1824!
Viele Wagen fuhren vor der alten Kirche vor, als Hermine Schicketanz im zimmetfarbenen Atlaskleid, mit Schmuck behängt, ausstieg. Jeder Zoll an ihr verriet Reichtum, sie war eine reizvolle Frau »entre deux âges«, sie – ehrenvoll verwitwet – hatte die Liebe erfahren, romantisch, wie es der Zeit entsprach, mit einem »gestandenen Mannsbild« Mitte 30.
Der Bräutigam, Stephan Hochrainer, hatte lange um Hermine werben müssen, ehe die um sieben Jahre ältere ihr Jawort gab: es war eine aufregende Zeit gewesen, da er ihr Blumensträuße ins Ha-us geschickt hatte und immer wieder vor ihren Fenstern stand, sie auch mit Gedichten überraschend . . .
Angesichts der eleganten Braut kommentierten die Zaungäste: »Jung is net. Sie wird Geld haben.«
Als der Bräutigam ausstieg, befanden die Zuschauer: »Fesch is er. Zu was braucht er die Alte?«

Die Klassifizierung der Weiblichkeit nach Jahresringen, Größe und Gewicht (was denn sonst machte eine Frau aus) erlebte fröhliche Urständ'. Da es auch auf's Finanzielle ankam, beurteilte das Publikum Hermines fortgeschrittene Lenze zuletzt nachsichtig. Die Trauung fand unter Orgelklängen und allgemeinem Wohlwollen statt. Das kleine Mädchen, das hinten in der Kirche stand und aufmerksam dem feierlichen Verlauf folgte, blieb unbemerkt.

Im Haus zum »Grünen Drachen« in der Kothgasse auf der Laimgrube wohnte im Jahre 1831 die Familie Wollinger. Der noch jugendliche Subalternbeamte im Ministerium des Inneren, seine 21jährige Frau und zwei kleine Kinder, nannten eine Wohnung ihr eigen, die aus Küche, Zimmer und Kabinett bestand. Infolge der dürftigen Honorierung Wollingers vermieteten sie das Kabinett derzeit an eine junge Schönheit, die im nahegelegenen Theater an der Wien winzige Rollen spielte. Doch hatte es die blonde Eva, die aus Enns stammte, in der kurzen Zeit ihres Wiener Aufenthalts schon zu einigen hübschen Toiletten und einem Ringlein mit Saphiren gebracht: der Gönner war ein soignierter Hausherr von der Wieden. Wollinger sah es nicht gern, wenn seine Frau mit Eva plauderte: für seine 800 Gulden jährlich konnte er sich kein Dienstmädchen leisten, und seine Frau war erst einundzwanzig – wenn sie ihre Lage mit der der gleichaltrigen Eva verglich, wie mochte sich die Mutter zweier ständig quengelnder, wenn auch liebreizender Sprößlinge da vorkommen?

Am Abend des 16. Juni saß Frau Wollinger am Küchentisch, ihre zwei Kleinen in Kinderstühlchen um sich. Beim Schein der Küchenlampe flickte sie Wäsche, die sie rasch sinken ließ, als ein junges Mädchen durch die stets offene Türe eintrat. Die Fremde trug einen Karton. Sie grüßte höflich. »Sophie?« fragte Frau Wollinger überrascht. »Pepi!« Die beiden umarmten einander. Sie waren vor einigen Jahren Arbeitskolleginnen gewesen, dann hatte Pepi ihre Tätigkeit als Marchande de mode aufgegeben und geheiratet. Es gab nun eine Menge zu erzählen, und Sophie herzte die Kleinen Pepis. Dabei stieg sie auf die Flickwäsche, die unter den Tisch gefallen war. Sie hob sie auf. »Leg's her«, sagte Pepi, auf den Tisch weisend. »Mein Mann sagt immer, gut geflickte Wäsche zu tragen, ist keine Schande, da jeder weiß, daß sich ein Beamter keine neue Wäsche leisten kann. Unsere Exzellenz, der Herr Minister, betet täglich einige Stunden in Dero Hauskapelle, vielleicht um's Wunder, daß kein Subaltern-Beamter mehr Flickwäsche tragen muß.«

Sophie lachte. Sie trug ein verschlissenes blaues Kleid mit schwarzer Mantille, doch der Anmut ihrer Jugend tat die ärmliche Bekleidung keinen Abbruch. Ihre schwarzen Augen und das kastanienfarbene Lockengeringel wiesen sie als kleine Schönheit aus. Sophie sagte, auf ihren Karton weisend: »Die Toiletten soll ich für die Demoiselle Eva abgeben.«
Sie ergingen sich in allerlei Vermutungen über die Demoiselle und ihren Gönner, der schon einigemale in der Kothgasse gewesen war, »ein fescher Mann«, wie Pepi feststellte, »lang wird die Eva nicht mehr bei uns bleiben, der Hochrainer nimmt ihr sicher ein besseres Logis.«

Sie plauderten noch immer über Eva und Stephan Hochrainer, als plötzlich an die Türe geklopft wurde. Pepi rief: »Herein!« Ein eleganter Herr erschien und grüßte höflich. »Oh, Herr Hochrainer«, sagte Pepi und war ein bisserl verlegen: Wenn er an der Türe gehorcht hatte, mußte es ihm in den Ohren summen! Hochrainer erkundigte sich nach Evas Befinden. Er war in Sorge um sie, die ein böser Husten quälte, doch es ging ihr schon besser, wie Pepi zu berichten wußte: sie war im Theater. Sophie starrte den Mann im eleganten Abendanzug an. War das nicht Stephan Hochrainer, der die Witwe Schicketanz geheiratet hatte?

Da er es nicht an Galanterie ihr gegenüber fehlen ließ, nahm sie all ihren Mut zusammen und sagte mit gespielter Leichtigkeit: »Meine Mama war einmal mit einer Frau Schicketanz auf der Wieden befreundet. Diese Dame hat sich in zweiter Ehe mit einem Herrn Hochrainer verheiratet. Ist das vielleicht ein Verwandter von Ihnen?«
Hochrainer zog die dichten Augenbrauen zusammen. Dann lächelte er. »Oh ja, ein sehr enger Verwandter, meine schöne Gnädige.«
»So eng verwandt, daß Sie's am End' gar selber sind«, sagte Pepi und lachte. Hochrainer stimmte ein. In Sophie tobte ein Sturm heftigster Gefühle, doch sie ließ sich nichts anmerken, mit Genugtuung nahm sie Hochrainers wachsendes Interesse an ihren »schönen Augen« und anderen Attributen ihrer Weiblichkeit, die er galant rühmte, wahr. Als er bat, sie heimbringen zu dürfen, nickte sie.
Im unnumerierten Fiaker saßen sie eng nebeneinander. Hochrainer fragte: »Wenn's auf der Wieden brennt, wird's da in der Alservorstadt angeschlagen?«
»Nie«, sagte Sophie.
»Dann wird auch auf der Wieden nicht geläutet, wenn in der Alservorstadt Feuer ist?«
Sophie schüttelte den Kopf. Als sie in der Alservorstadt, bei Sophies Haus, angelangt waren,

wollte Hochrainer das Mädchen an sich ziehen. Doch Sophie entglitt ihm und sprang aus dem Fiaker. Im Nu war sie im Haus.

Seit dem Tod ihrer Mutter bewohnte sie ein Kabinett bei der Witwe Meyer, die der Waise recht zugetan war.

Die Meyer hörte den Fiaker abfahren, sie hatte einen leichten Schlaf. »Alter Weiber Los«, sagte sie und redete Sophie die Ohren voll, wie sie – ein schönes Mädchen – ihr Leben aufbauen müsse, um nicht als Wittib eines armen Schlukkers von Hofschreiber, schlaflos vor Sorgen, »über zu bleiben«. Als Sophie nun, sichtlich echauffiert, in ihre Wohnung kam, hockte die Meyer im Schlafrock im Kabinett. »Du kommst spät, Sopherl«, sagte sie. »Hat sich's auszahlt?«

»Ich hab' mir«, sagte Sophie, »einen Liebhaber aufgefischt.«

»Höchste Zeit«, sagte die Meyer. »Aber bist auch g'scheit?«

Im Kabinett hing ein Bild von Sophies verstorbener Mutter. Sophie schaute das Bild an. »Die Mama«, sagte sie, »soll mit mir zufrieden sein.«

»Deiner Mama ihr Unglück war die Liebe für'n Schicketanz«, sagte die Meyer. »Wär' sie weniger verliebt und g'scheiter g'wesen, g'höret jetzt dir das Haus auf der Wieden.«

Da sich Sophie in Schweigen hüllte, ging die

Meyer zu Bett. Sophie starrte auf Mamas Bild und malte sich die Zukunft aus ...

Stephan Hochrainer, um die 40, stets elegant gekleidet – er trug Anzüge von Gunkel am Graben –, war mit seinem kunstreich gewellten Haar und dem markanten Gesicht ein attraktiver Mann, der sich die Frauen seiner Gunst aussuchen konnte: zehn an jedem Finger, kam doch zur blendenden Erscheinung auch der Nimbus der Wohlhabenheit. Seine Gemahlin hatte ihm das Haus auf der Wieden überschrieben, um ihn dadurch fester an sich zu binden, und sie duldete schweigend, daß er viel Geld für sich ausgab. Seine Halsbinde, die er auf die Art George Brummels – des größten Dandys jener Zeit – knotete, war, ebenso wie seine Busennadel, mit echten Steinen geschmückt; zum Ordnen seiner Frisur kam täglich ein Friseur ins Haus. Er unterhielt mehrere Liebschaften, Favoritin war derzeit die blonde Eva aus Enns, die am Theater an der Wien winzige Rollen spielte und dafür eine Gage bezog, die nicht einmal den Toilettenaufwand fürs Theater deckte. Hochrainer, an weibliche Ergebenheit gewöhnt, fand Sophies Zurückhaltung reizvoll: das war einmal etwas anderes! Sie war ein tugendsames Mädchen von 18 Jahren, eine Putzmacherin, ein Beruf, der so schlecht bezahlt

war, daß jede kluge Putzmacherin einen helfenden Freund hatte, noch klügere hatten mehrere helfende Freunde! Doch diese Sophie hatte anscheinend keinen Helfer – sie war keusch.
Fuhr er im Fiaker zu ihr, hielt die Nachbarschaft Ausschau und registrierte sein Kommen und Gehen. Doch Sophie hielt ihn hin: die Sträußchen, die er ihr sandte, steckte sie in Vasen statt an ihren Busen und von Liebe wollte sie nichts wissen. In ihrer Lebensweise trat keine Änderung ein, sie ging zur Arbeit wie früher und ihre Toilette blieb einfach. Woher hätte sie auch etwas Eleganteres nehmen sollen, da sie sich von Hochrainer nicht soutenieren ließ? Darüber gab es zwischen den beiden manche Auseinandersetzung. »Wenn du meine Hilfe nicht annimmst«, sagte Hochrainer, »zeigst du damit, daß du mich nicht liebst.«
»Hab' Geduld«, sagte sie, »ich besitze nichts als meine Unschuld. Meiner armen Mutter ist es schlecht ergangen, weil sie das vergessen hat.«
Sie unternahmen Ausflüge ins Kasino vor der Linie, wo Stephan nicht befürchten mußte, von Bekannten gesehen zu werden, sie besuchten auch Theater. »Es ist eine Schande, daß du immer diese armseligen Fetzen trägst«, sagte Hochrainer, obgleich sich sein Blick kaum von den Spitzen lösen konnte, die unter Sophies Röckchen hervorlugten: ihrer Mutter schönste

Spitzenunterhose! »Es ist«, erwiderte Sophie, die ihre Locken mit Zuckerwasser eingedreht hatte, so daß sie sich anmutvoll um ihr Gesicht bauschten, »eine Schande, daß du nur im unnumerierten Fiaker fährst. Warum kommst du nicht mit deiner Equipage? Pardon – ich kenne deinen Ehekontrakt nicht. Am Ende darf nur deine Gemahlin die Equipage benützen?«

»Die Equipage«, sagte er wütend, »gehört uns beiden!«

»Aber Angst hast du doch«, spottete Sophie, »sie ohne deine Gemahlin zu fahren.«

Am folgenden Sonntag kehrte Sophie vom Ausflug zurück. Die Meyer saß im Kabinett und kurierte ihren Husten mit Fichtennadelsaft. »Was is?« fragte die Meyer. »Du schaust so selig drein?«

»Frau Meyer«, sagte Sophie, »ich bin auch selig: heut' bin ich zum ersten Mal in der Equipage meines Vaters gefahren!«

Für den nächsten Sonntag wünschte sich Sophie, eine Soirée im Sperl zu besuchen, wo Johann Strauß aufspielte. Am Nachmittag davor rief Sophie die Meyer zu sich und bat sie um einen Gefallen. »Ich möchte Stephans Frau ein Billet schicken«, sagte Sophie, »und ehe ich es siegle, Ihnen vorlesen.« Sie las: »Verehrte Frau

Hochrainer! Ich erachte es für meine Pflicht, Sie über den Charakter Ihres Mannes, den Sie aus dem Staub erhoben, aufzuklären. Dieser Schürzenjäger, den Sie reich machten, hat ein Mädchen aus der Vorstadt zu seiner Geliebten gemacht und wird sich mit ihr am 20. ds. im Sperl einfinden, wo Sie sich von der Wahrheit meiner Angaben überzeugen können –

eine Ihnen Wohlmeinende.«

Die Meyer schüttelte den Kopf. »Verrenn' dich nicht«, meinte sie. »Wenn ein Mädel was hat mit einem verheirateten Mann, hängt sie's nicht an die große Glocken. Was holst die Alte ins Sperl? Willst du den Stephan loswerden?«
»Bestell' das Billet«, sagte Sophie.

Es war ein großer Abend in den Sperlsälen, die in frischem Gelb neu ausgemalt worden waren. Sophie, die Locken steif von Zuckerwasser und so eng gegürtet, daß es ihr den Atem benahm, drehte sich mit Hochrainer im Walzer. Da ihr schlecht zu werden drohte, flüsterte sie: »Ich bin heute so unruhig, Liebster . . .«
Hochrainer fand es auch sehr heiß. »Ach«, seufzte Sophie, »es kommt nicht von der Hitze. Ich habe so meine Ahnungen . . . Stephan, mir ist, als käme deine Frau hierher.«
Hochrainer lachte. »Meine Frau? Die sitzt da-

heim und richtet mit ihren Kaffeeschwestern die Leute aus.«

»Wer weiß, Stephan, ich habe Angst . . .« Hochrainers Arm legte sich beschützend um sie. Doch erwies er jetzt den Neuankommenden größere Beachtung. Sie gingen zu ihrem Tisch, und nach etwa einer Stunde gewahrte er seine Frau, die in Begleitung eines Mieters aus ihrem Haus in den Saal eintrat. »Da kommt die Alte tatsächlich«, berichtete er Sophie. »Ich sterbe«, hauchte Sophie und schmiegte sich eng an Hochrainer, dabei die Verhaßte mit ihren Blicken musternd: elegant war sie noch immer, wie auf der Hochzeit vor sieben Jahren, doch uralt gegen sie . . .

Die Witwe Schicketanz, nunmehrige Frau Hochrainer, schaute am Arm ihres Begleiters von Tisch zu Tisch. Sie wirkte recht niedergeschlagen. Als sie ihren Mann neben Sophie gewahrte, blickte sie zur Seite, wie von einem Pfeil getroffen. Es war nicht anzunehmen, daß sie in Sophie das Kind erkannte, das sie dereinst vom Sarg des Vaters hinweggestoßen hatte. Doch sie sah ein schönes Mädchen neben ihrem Mann und sie bat ihren Begleiter, sie heimzubringen . . .

Am nächsten Vormittag ließ Frau Hochrainer den Kutscher heraufkommen und sagte zu ihm:

»Johann, du weißt, wer dich in den Dienst aufgenommen hat.«
Der Kutscher nickte: »Sie, gnädige Frau.«
»Deine gnädige Frau bin ich gewesen«, fuhr ihn Hermine an. »Du fährst mit der Equipage für fremde Zwecke aus. Dafür entlasse ich dich stante pede.«
Johann begab sich zu Herrn Hochrainer und bat um ein Zeugnis. »Wieso denn?« fragte Stephan, der im Morgenrock frühstückte und eben ein Kipferl in die Schokolade tauchte. »Weil mir die Gnädige gekündigt hat«, sagte Johann. Hochrainer ließ sein Frühstück stehen. Er sprang auf und durchwanderte das Gemach, in dem einstmals Engelbert Schicketanz auf und ab gegangen war.
Schließlich blieb er stehen. »Johann«, sagte er, »geh nur an deine Arbeit. Ab jetzt bist du bei mir im Dienst und erhältst deine Befehle nur von mir.«
Hochrainer kehrte zu seinem Frühstück zurück und der Kutscher empfahl sich, die Neuigkeit brühwarm der Zofe Hermines mitteilend. Da anderes Personal – wie zu erwarten – mithörte, wurde an diesem Vormittag wenig gearbeitet.
Schließlich begab sich die Zofe zu ihrer Herrin und rapportierte. Woraufhin Hermine ihren Mann aufsuchte.
»Stephan«, sagte sie, und ihre Stimme über-

schlug sich, »du kompromittierst mich beim Personal. Ich hab' den Kutscher entlassen, das ist mein Recht.«

Hochrainer sagte gelassen: »Das wird sich erst zeigen.«

»Was wird sich zeigen?« Hermines Stimme wurde schrill. »Das ist *mein* Haus und *meine* Equipage!«

»Der Herr dieses Hauses«, sagte Hochrainer, »bin ich, samt dem fundus instructus, wozu ich auch die Equipage rechne. Bist du anderer Ansicht, geh zu deinem Advokaten. Bei meinem war ich bereits um rechtliche Belehrung.«

»Du warst schon beim Advokaten? Du, dem ich die Schulden gezahlt hab', du, den ich zu einem angesehenen Mann gemacht hab'? Was warst du denn früher? Ein Niemand warst du, abg'haust hast, z'Grund gangen bist mit dein' G'schäft! Da bist g'rennt zu mir mit deine Sträußerln und deine Gedichte, da war ich dein Alles, grad recht war ich dir zum Einesetzen ins warme Nest . . .« Hermine brach in Tränen aus. »Stefferl«, schluchzte sie, »endet so eine Liebe?«

»Keifen«, sagte Hochrainer, »und plazen. Das könnt Ihr alten Weiber. Sonst nichts. Wo bleibt der Verstand? Es war hirnlos von dir, ins Sperl zu kommen, eine gescheite Frau schaut durch die Finger.«

»Bis«, sagte Hermine, »die Leut' auf die g'scheite Frau mit dem Finger zeigen?«
Hochrainer erwiderte düster: »Dir ist es nie um mich gegangen, vor den Leuten willst du gut dasteh'n. Du hast kein Herz, Hermine.«
»Du bist«, sagte Hermine unter Tränen, »mit vier gefärbten Hemden als einziges Eigentum zu mir gekommen. Jetzt bist du ein Hausherr, Stefferl . . . «
Sie fiel in einen Ohrenfauteuil und überließ sich ihrem Schmerz. Hochrainer durchquerte den Raum mit langen Schritten: die Gelassenheit drohte ihm abhanden zu kommen, da Hermine an alte Wunden rührte. »Madame«, rief er, gedemütigt von seinen Erinnerungen, »ich hatte nichts, oh ja, das Leben hat mir übel mitgespielt. Doch ich besaß etwas, das ebenso gilt wie Ihr Haus und Ihr Geld – ich war ein freier Mann. Ich habe meine Freiheit einer Frau geopfert, die meine Sehnsucht nach Liebe für ihre Zwecke ausnützte – ich wurde verführt, Madame!«
Hermine sprang aus dem Ohrenfauteuil. »Verführt«, schrie sie, »Filou! Womit hab' ich dich Hungerleider verführt?« »Alte Weiber«, sagte Hochrainer bitter, »verführen durch Geld, wie junge Mädchen durch ihre Schönheit. Aber das Opfer ist immer der Mann.«

Hermine eilte in ihre Gemächer und vertauschte den Schlafrock mit einer eleganten Toilette. Sie fuhr zum Advokaten, dem sie ihre Situation auseinandersetzte.
Der Rechtsfreund fand die Situation kritisch und riet zur Versöhnung. »Was Sie Ihrem Mann überschrieben haben«, sagte er, »gehört unwiderruflich ihm. Wenn Sie ihn noch mehr reizen, kann es passieren, daß er das Haus samt Mobilien verkauft, und Sie würden gezwungen sein, in einem fremden Haus Wohnung zu nehmen.«
»Wenn ich mit ihm prozessiere«, sagte Hermine, »wird das jeden abhalten, ein Haus zu kaufen, das noch im Prozeß steht. Um den Prozeß zu führen, hat der Stephan nicht Geld genug.«
Der Advokat nickte. »Aber er könnte Geld aufnehmen, vielleicht hat er es schon getan? Sie werden einen Teil Ihres Vermögens verprozessieren, das wäre unüberlegt: söhnen Sie sich mit Ihrem Mann aus, das beschränkt die Kosten, ich bin bereit, mit seinem Rechtsfreund einen Kompromiß zu treffen, oder vielleicht noch besser mit ihm selbst.«
Hochrainer suchte den Advokaten auf, zeigte sich aber so beleidigt, daß es zu keiner Einigung kam.
Das Ehepaar lebte nun, auf Hochrainers Anordnung, getrennt. Die Verbindungstüren wurden verschalt und verstellt. Hermine führte eine

eigene Küche, Stephan lebte unabhängig. Ihm unterstand ein Bedienter sowie der Kutscher. Hermine verblieben eine Zofe und eine Magd. Wenn sie nun ihr Haus verließ oder betrat, schaute der Hausmeister weg und Johann, der Kutscher, grinste. Hermine kam zu dem Schluß, daß alles falsch war, was sie gemacht hatte. Stephan war ein Mann im besten Alter – bei Frauen war derselbe Jahrgang ein schlechtes Alter! Sie saß nun häufig beim Nachmittagskaffee mit anderen Frauen zusammen, denen es ebenso ergangen war wie ihr. Bei Torten und Kuchen kamen die Damen zu der Einsicht, daß die Männer schuldlos wären an den Verstrikkungen, das Übel waren die Mädchen!

Hermines Problem, Sophie, erwartete in der Alser Vorstadt den Besuch Hochrainers.
Sie hatte den Tisch gedeckt und ein Abendessen bereitgestellt. Doch Hochrainer wollte weder essen noch trinken. »Ich halt's nicht aus«, sagte er, »ich bring' die Alte nicht an. Immerhin habe ich mich von ihrem Anblick befreit, ich bestehe auf Trennung von Tisch und Bett.«
»Das ist schon was«, meinte Sophie. »Aber diese alten Megären sind unerschöpflich im Erfinden von Bosheiten. (In ihren Aufzeichnungen ergänzte Sophie später: »Verzeih mir, Tant' Hermin', damals wußt' ich's nicht besser!«)

»Ich möchte«, sagte Hochrainer, »nur mehr für unsere Liebe leben. Hermine wird das einsehen müssen.«
»Und die Eva und alle anderen?« fragte Sophie.
»Aus«, sagte Hochrainer. »Es gibt nur mehr dich.«
Sophie lachte. »Leider«, sagte sie, »ist mir das kein Beweis.
Eine alte Frau verstoßen, das kann bald einer! Ja, wenn sie jung und schön wär', das tät' mir schmeicheln. Du bist wie einer, der vor einer offenen Wohnungstür steht und hineingeht und etwas stiehlt. Er entschuldigt sich damit, daß die Tür' offen war – hätt' ich's nicht genommen, sagt er, wär's ein anderer gewesen.«
»Fängst du jetzt auch zu keppeln an?« fragte Hochrainer. »Na wart!« Er faßte Sophies Hände und zog das Mädchen an sich. Sie entwand sich ihm und eilte zur Türe. »Wenn'st schlimm bist, Stefferl, ruf' ich um Hilfe, die Meyer sitzt nebenan. Ich bin ein anständiges Mädel und trau' euch Männern nicht.«

Hochrainer fuhr weiterhin in die Alservorstadt, und seine Frau fuhr ihm nach, beraten von ihren Freundinnen: »Stell' doch die unverschämte Person!« Das Haus zu finden, war einfach, blieb doch die Equipage direkt davor stehen, und Hermine, die per Fiaker fahren mußte, sah

mit Verdruß dem grinsenden Kutscher Johann ins Auge, als sie ausstieg. Bald fand sie die richtige Türe und im Kabinett ihren Mann, der Zeitung las, während Sophie im Negligée das Abendessen richtete.
Hochrainer ließ die Zeitung sinken. »Hermine!«, rief er, »das kann ich nicht dulden.« Hermine beachtete ihn nicht. Sie hatte nur Augen für Sophie, die sie ihrerseits musterte. »Mamsell«, sagte Hermine, »ich möchte mit Ihnen reden.«
Hochrainer, im Lehnstuhl, verwahrte sich dagegen, doch Sophie fegte seinen Einwand mit einer Bewegung ihres Spitzenärmels weg. Hochrainer begab sich daraufhin in den Salon der Witwe Meyer. »Mamsell«, sagte nun Hermine zu Sophie, »Ihr Geliebter ist ein verheirateter Mann.«
Sophie nickte. »Ein unglücklicher Mann, wie mein Vater, der Sie geheiratet hat, Frau Schicketanz.«
Hermine ließ sich in den Lehnstuhl fallen, in dem kurz vorher ihr Mann gesessen war. »Ich heiße Hochrainer«, sagte sie. »Aber früher hießen Sie Schicketanz«, erwiderte Sophie. »Und noch früher hießen Sie Krbalek und waren im Dienst beim Fürsten Lobkowitz. Sie hatten eine Freundin, die Therese Pfundsthaler.«
»Lange her«, murmelte Hermine.

»Auch ich heiße Pfundsthaler«, sagte Sophie. »Ich war acht Jahre alt, da starb mein Vater. Es blieb ihm keine Zeit, meiner Mutter und mir ein Recht einzuräumen. In meines Vaters Haus residierten Sie und Sie stießen ein Kind vom Sarg des Vaters hinweg.«

Da Hermine schwieg, fuhr Sophie fort: »Meine Mutter ist im Elend gestorben. In meines Vaters Haus setzten Sie einen fremden Mann als Nutznießer ein. Madame, Sie haben mein Erbe verschleudert!«

»Dein Erbe? Du Bankert«, sagte Hermine verächtlich und stand auf. »Vor'm Apfel, der nicht weit vom Stamm fällt, werde ich mich zu schützen wissen!« Sie enteilte.

Welchen Schutz nehmen Wiener Bürger und Bürgerinnen am liebsten in Anspruch? Die Polizei! Vorm Gericht hat man Scheu: die Polizei, Freund und Helfer, muß herhalten. Hermines Freundinnen wußten von Fällen, da Ehestörerinnen ausgewiesen oder gar per »Schub« in ihre Heimat befördert worden waren. Leider war Sophie ein echtes Wiener Kind und konnte darum nicht »heimbefördert« werden!

Doch mit Putzmacherinnen, die ihre dürftigen Einkünfte galant verbesserten, machte die Polizei kurzen Prozeß, wenn sie sie erwischte: sie kamen ins Arbeitshaus. Sophie, die wußte, was

»heimlichen Grabennymphen« bevorstand, mußte ihren sozialen Status verbessern.
Sie wurde Hausbesitzerin.

Das begehrte Haus auf der Wieden war zwei Stockwerke hoch und bestand aus einer langen Gassenfront und zwei Seitenflügeln, die den Hof umschlossen. Hinten befand sich ein Hofgarten. Das geräumige Mitteltor schied das Gebäude in zwei Hälften, deren jede eine »eigene« Stiege besaß. Auf »Stiege 1« wohnte im ersten Stock Frau Hochrainer, mit einer leeren Wohnung neben sich. »Das brauche ich«, sagte Hermine, die keinen Lärm vertrug.
Auf »Stiege 2« wohnte ihr Mann, Stephan Hochrainer. Einige Tage nach der Begegnung der Eheleute in der Alservorstadt begann die Hausmeisterin die leere Wohnung neben Hermine gründlich und geräuschvoll zu putzen.
Hermine, dies gewahrend, fragte die Hausmeisterin: »Zieht am End' wer ein?«
»Ja«, erwiderte die Hausmeisterin.
»Wer denn?«
»Das weiß ich nicht«, meinte die Hausbesorgerin. »Fragen Sie den Herrn.«
Hermine begab sich zu Stephan, der im ersten Stock der anderen Haushälfte wohnte. Sie fragte ihn aufgebracht, wem er wohl die Wohnung neben ihrer Wohnung vermietet hätte?

Ihr Mann wies ihr die Türe. »Verschwinde«, sagte er, »sonst lasse ich den Hausmeister kommen.«

Die Wohnung wurde nun von Tischlern und Tapezierern bevölkert. Wer einziehen würde, wußte niemand.
Schließlich zogen zwei Damen ein. Nach dem Bericht der Zofe Hermines waren es ältere Damen. Immerhin keine kleinen Kinder, die Lärm machten, stellte Hermine aufseufzend fest.
Am folgenden Vormittag stand Hermine im Korridor und schaute auf den grünen Hof hinunter. Da trat die neue Nachbarin lächelnd aus ihrer Wohnung. Es war Sophie, und nach ihr kam eine alte Frau: die Witwe Meyer, die Sophie als »Duenna« mitgenommen hatte!
Hermine eilte in ihre Wohnung, kleidete sich an und rannte zur Polizei.
Sie erfuhr Schmerzliches: Sophie Pfundsthaler war grundbücherlich als Besitzerin des halben Hauses eingetragen! Hermine begab sich zu ihrem Advokaten. Dieser eilte fort, um sich über die Schenkungsurkunde zu informieren, und nun stellte sich Folgendes heraus:
Um die Schenkung zu begründen, eigene Absichten verheimlichend, gab Stephan Hochrainer an, der natürlichen Tochter Engelbert Schicketanz' das moralische Recht auf die Hinterlas-

senschaft nach ihrem Vater »zur Hälfte« zuzubilligen. Von »Gotteswegen« stand ihr das Erbe ohnehin zu.

Dieser Edelmut, der bald zum Gesprächsthema im Viertel wurde, ließ die Vermutung schwinden, daß hier ein Mann seine Mätresse beschenkt hatte: oh nein, ein väterliches Herz schlug für ein Kind, dessen echter Vater nicht mehr dazu gekommen war, seine Pflicht zu erfüllen: Hochrainer war Schicketanz' Stellvertreter vor Gott, den Menschen und dem Kind Sophie!

Das Kind Sophie bestellte die Mieter des Hauses zu einem Abendessen im »Blauen Wolf«, wo unter allgemeiner Gefühlsentwicklung dem Stellvertreter und seinem Schützling Glückwünsche dargebracht wurden.

Hermine, die nicht in den »Blauen Wolf« eingeladen worden war, erhielt einige Tage später ein Brieflein von Sophie:

Madame! Zwei wie wir zwei vertragen sich nicht unter einem Dach. Sie sind unwürdig, in meines Vaters Haus weiterhin zu verweilen! Ich kündige Ihnen damit die bisher innegehabte Wohnung. Wenden Sie sich an Ihren Gemahl, vielleicht weist er Ihnen eine Wohnung in seiner Haushälfte an. Sophie Pfundsthaler

Stefan wies keine Wohnung an, und nach einer Debatte mit ihrem Advokaten, der ihr die Aussichtslosigkeit eines Prozesses gegen Sophie klarmachte, zog die unglückliche Frau zu einer ihrer Freundinnen.

Schicketanz' Stellvertreter und sein Schützling lebten nun unter einem Dach, wenn auch auf verschiedenen Stiegen. Zu Hochrainers Befremden – und wachsendem Ärger – ließ Sophie die Möglichkeiten solch nahen Beisammenseins ungenützt. »Noch lange nicht«, erkärte sie ihm stirnerunzelnd, »sind die Dinge entschieden, wer weiß, was deiner Frau noch einfällt, und ich komme wieder um alles. Bis dahin muß eine Waise wie ich auf ihren guten Ruf achten!«

Bemerkenswerterweise ging Sophie, nunmehr Besitzerin des halben Vaterhauses, ihrer Tätigkeit als Putzmacherin im Salon »Desirée« weiterhin nach, Sie holte sich die Arbeit heim, wo sie mit der Meyer von früh bis spät saß und fleißig werkte. Hochrainer schalt: »Du liebst mich nicht. Es ist unnatürlich für ein Weib, in Geschäften tätig zu sein, wenn ihr Geliebter ihrer Sorgfalt bedarf.«

»Ich verdiene als Putzmacherin so gut wie nichts«, sagte Sophie. »Trotzdem gibt mir die Arbeit Freiheit von dir und deinesgleichen. Meine Gnädige ist mit mir zufrieden.« Da die Meyer lachte, sandte ihr Sophie einen warnenden Blick: Hochrainer durfte keineswegs erfahren, daß Madame Desirée sich mit der Absicht trug, eine junge Teilhaberin in ihren florierenden Betrieb aufzunehmen! Diese sollte tüchtig sein und auch Kapital mitbringen, denn Madame wünschte sich nichts sehnlicher, als in ein paar Jahren auf ihrem Landsitz in Rodaun die Rosen zu pflegen.

Hochrainer stieß wütend hervor: »Gib zu, du hast einen jungen Geliebten!«

Sophie hob die Balltoilette der Gräfin Schleinbach hoch, an welcher Toilette sie und die Meyer Perlen einstickten. »Fünfhundert Perlen«,- sagte sie, »haben wir schon gestickt. Ist ein Geliebter darunter?«

»Du triffst ihn heimlich.«

»Ich arbeite von früh bis spät. Wann denn?«

»Dazu ist immer Zeit!« Hochrainer schrie. Ein Streit brach los, bei dem es dem Eifersüchtigen um seine Gefühle ging, denen er eine Haushälfte geopfert hatte, und die er nun als verletzt empfand, Sophie hingegen ging es um anderes, welche Widersprüchlichkeiten zumeist das Wesen von Streitigkeiten ausmachen. Sophie warf ihm vor, das Leben einer Drohne zu führen, die es sich auf dem Buckel weiblicher Arbeitsbienen gemütlich mache, und sie forderte ihn auf, endlich wieder in eigenen Geschäften tätig zu sein. »Du verdienst nichts und prozessierst mit

deiner Frau, bald wirst du mit deiner Haushälfte fertig sein!«
Diese Vorwürfe trafen den Mann, an dessen Schläfen sich das Haar neuerdings verflüchtigte und der zeitweise eine Müdigkeit fühlte, die ihm Sorgen machte. »Liebes Kind«, sagte Hochrainer, »wenn's so wär', gäb'st du doch mir, dem du alles verdankst, in deiner Haushälfte sicherlich ein Wohnrecht.« Sophie zuckte die Achseln.

Hochrainer hatte dieses Gespräch, das ihn zutiefst verletzte, durch einen abrupten Abgang beendet. Doch er kam wieder, und die Streitigkeiten zwischen Stiege 1 und Stiege 2, die von der Dienerschaft und auch der Witwe Meyer eifrig kolportiert wurden, gaben den Bewohnern des Viertels Nahrung für hochinteressanten Klatsch: Ach so war's? Vater Hochrainer, Schicketanz' Stellvertreter, hatte gar nicht edelmütig verzichtet? Ein junges Mädchen hatte er kaufen wollen! Und das Mädchen, eine ganz Schlaue, hatte den alten Genußspecht an der Nase herumgeführt!
Wie vordem Hermine, war nun Stephan der Lächerlichkeit preisgegeben: ein ältlicher Mann, der Pech hatte, geriet ins gleiche Lager wie die »alten Schachteln«.
Hochrainer begab sich zu seinem Advokaten.

Er erfuhr, wie seinerzeit Hermine, daß die Schenkung unwiderruflich sei, gleichzeitig erfuhr er, daß Sophie einen Prozeß gegen ihn anhängig machen wolle, da er ihr, laut Schenkung, nur DAS zurückgegeben hätte, was der natürlichen Tochter Schicketanz' zustand – und nun belästige er den Schützling an seiner Ehre mit gemeiner Zudringlichkeit!
Hochrainers wütendem Aufschrei: »Ich klag' das Mensch!« begegnete der Advokat kopfschüttelnd mit der Frage: »Wollen Sie mit *der* auch noch einen Prozeß führen?«

Hermine Hochrainer, ehemalige Schicketanz, die bei einer Freundin logierte, erfuhr das Mißgeschick ihres Mannes durch jene geheimnisvolle Trommelmethode der Überbringung von Nachrichten, die man fälschlich Afrikanern zuschreibt: in Wien funktionierte das System auch ohne Trommeln!
Hermine, die sich vordem elend gefühlt hatte, strahlte.
»So ein Mensch«, sagte die Freundin, »ist die Sophie gar nicht. Die hustet auf deinen Stephan.«
»Recht geschieht ihm«, meinte Hermine.
»Wenn'st g'scheit bist«, sagte die Freundin, »einigst du dich mit ihr.«
»Wie denn?«
»Minerl«, sagte die Freundin, »es war ein Fehler

von dir, das Kind damals über die Stiegen zu stoßen. Erzähl' mir nicht, daß ihre Mutter ein Schlampen war! Der Engelbert hat's mit dir und mit ihr getrieben. Du warst die G'scheitere und hast ihn geheiratet, die Theres' hat das Kind bekommen und durch die Finger schauen müssen.«

»Was meinst, was geschehen soll?« fragte Hermine.

»Red' mit dem Advokaten! Wenn'st magst, red' ich mit der Sophie!«

Da Hochrainers Prozeß gegen seine Frau Hermine weiterging und ihn Geld kostete, das er auf seine Haushälfte aufnahm, fand die Gegenpartei einen Strohmann, der Hochrainers Haushälfte um einen Spottpreis erwarb: hinter dem Strohmann verbarg sich Hermine, die genügend Bargeld besaß.

Ohne weiteres Aufsehen zog Hermine an einem Frühlingsmorgen in ihre frühere Wohnung ein: am Gang stand Sophie und lächelte ihr zu. »Tant' Hermin'«, sagte Sophie, »das hätten wir leichter haben können.«

Hermine nickte. »Bist jetzt eingekauft bei der Desirée?« erkundigte sie sich.

»Ich halt' nix von Crediten«, bekannte Sophie.

»Wenn'st mich beteiligst«, meinte Hermine, »brauchst keinen Credit.«

Die beiden umarmten einander. Ob Engelbert Schicketanz vom Himmel herunterlachte, als Hermine und Sophie endlich zueinander fanden, ist ungewiß. Ebenso ungewiß ist freilich, was aus Stephan Hochrainer wurde.

Prinz Kuckuck

Der Baron Stromwalter und seine Gemahlin hatten einen hübschen Pflegesohn, der anno 1825 etwa 15 Jahre alt war und offiziell den Namen Thalreuter führte. Er selbst nannte sich hingegen Baron Jacques von Rescher, nach seinem Vater, Obristleutnant von Rescher, der der Tochter eines Zollbeamten, Barbara Thalreuter, 1809 zu Landshut ein kurzes Liebesglück beschert hatte. Die Frucht dieser illegitimen Verbindung war Jacques, um den sich der Vater allein bekümmerte, da die Mutter bald nach der Geburt gestorben war. Der russische Feldzug beendete anno 1812 des Obristleutnants Obsorge: er rückte ein und vertraute das Büblein seinem Freund, dem pensionierten Stadtgerichtsassessor von Stromwalter an, der zwei eigene, bereits erwachsene Kinder besaß. Als der Obristleutnant in Rußland fiel, übernahmen die Stromwalters Jacques gänzlich, und die Baronin, eine schöne Frau trotz vorgerückter Jahre, erlebte neues Mutterglück.

Die Stromwalterischen und ihr heranwachsender Pflegesohn lebten behaglich zu Ansbach, Jacques erhielt sorgfältigen Unterricht, doch schwänzte er diesen zumeist. Anno 1825 sah ihn kein Lehrer mehr: das muntere Bürschchen ergab sich dem süßen Leben des bayrischen Biedermeier. In größerer Gesellschaft, die Jacques freihielt, wurde in die Städtchen der Umgebung sowie nach München gefahren oder geritten, wo man zechte und mit Mädchen Unfug trieb, die allerteuersten Weine wurden nicht nur an der Tafel getrunken, sondern im Übermut einander über die Köpfe gegossen. Jacques, dem die Rocktaschen immer von Geld klangen, begoß auch die Wagenräder seiner Kutsche mit Champagner, wenn er sie nicht mit Kölnisch Wasser besprengte. Zu seinen Gaststättenbelustigungen gehörte es auch, vom Fenster hinunter Leckerbissen zu werfen: mitunter schnitzelte er ganze Schinken zu den Straßenjungen hinunter, streute Zuckerwerk und Geld hintenach und ergötzte sich an den Balgereien, die darum entstanden.

Nachts wurde, seinen Freunden zur Freude, kostbares Feuerwerk abgebrannt. So hatten die Freunde, aber auch Lohnkutscher, Gastwirte, Kaufleute und Galanteriewarenhändler, eine Menge Nutzen an ihm. Bei dem Galanteriewarenhändler Stang, der an Jacques Lustpartien teilzunehmen pflegte, hatte er in einem einzigen Jahr für etwa 700 Gulden Waren, darunter um 50 Gulden Kölnisches Wasser, gekauft.

Wer mit Jacques in Berührung kam, wurde auch mit Geschenken erfreut. Musikfreunden verehrte er kostbare Geigen, Jagdliebhabern teure Gewehre, Rauchern silberbeschlagene Tabakspfeifen. Trotzdem kam es mitunter zu

Raufhändeln, insbesondere wegen Mädchengunst: Jacques, der bei der Weiblichkeit großen Erfolg hatte, erregte damit den Neid seiner Kumpane. Im Sommer 1825 prügelte er einige davon zuschanden, kam wegen Körperverletzung vor Gericht, wurde aber mangels an Beweisen entlassen, auch eine Anklage wegen Wilddiebstahl endete so – war das auf den Stromwalter'schen Einfluß zurückzuführen?
Der 67jährige Baron Stromwalter und seine noch immer schöne Frau, Anfang oder Mitte 50 (die Dame, deren Tochter verheiratet war und deren Sohn als Leutnant in Königlichen Diensten stand, pflegte ihr Alter zu verheimlichen), beschützten den Pflegesohn nach Kräften, sie schienen sogar, zur allgemeinen Verwunderung, sein übermütiges Benehmen zu begünstigen. Brachte ihnen jemand Nachricht über Jacques' Geldverschwendungen, wiesen sie, mit vornehmer Unbesorgtheit, jede Warnung ab, dies durch rätselhafte Hinweise auf Geheimnisse begründet, die im Zusammenhang mit der Geburt des Knaben standen. Als der Händler Stang etwa einmal der schönen Baronin seine Besorgnis kundtat, erwiderte diese: »Der Aufwand meines Jacques wird nur so lange befremdend scheinen, als noch das Geheimnis über seine Geburt und seinen Stand gewahrt werden muß. Soviel darf ich aber wohl schon jetzt ver-

raten, daß er von sehr hohen Eltern abstammt und mehr Vermögen hat, als er je zu verbrauchen imstande ist! Gegen Jacques sind der »Assessor« (so pflegte sie ihren Mann zu nennen) und ich arme Schlucker! Doch das Kind, das uns anvertraut wurde, steht jetzt in den Flegeljahren und muß sich austoben. Ich bin sehr erfreut, daß mein Wildfang nunmehr an Ihnen, Herr Stang, einen so guten Gesellschafter und Führer erhalten hat.«

Der Wildfang, ein verkappter Prinz womöglich, wie Stang nun mutmaßte, genoß die Gesellschaft seines »Führers« ab da uneingeschränkt: Stang, der Geschäftsmann, war nicht sein eigener Feind! Jacques ging in Stangs Laden aus und ein, Stang im Stromwalter-Haus. Dabei machte er Beobachtungen, die ihn – den Kleinbürger, wie er sich selber abschätzig titulierte – verwirrten. So ließ der verkappte Prinz einmal in Stangs Gegenwart beim Essen einen Löffel zu Boden fallen und sagte zur Baronin: »Reiche Sie mir einen anderen Löffel!« Die Baronin gehorchte. Stang äußerte sich zu ihr: »So benehmen sich Holzhacker.« Die Baronin meinte lächelnd: »Waren Sie so oft an Fürstenhöfen, lieber Stang?«

Ende 1825 suchte der Lohnkutscher Block den

verkappten Prinzen in einem Wirtshaus auf und brachte ihm rückständige Fuhrlöhne in der Höhe von 70 Gulden in Erinnerung. Jacques winkte zuerst ab, zog aber dann einen Wechsel aus der Tasche und sagte: »Dies ist ein Wechsel auf 450 Gulden vom Advokaten Dr. Schroll. Ich kann ihn sogleich bei Gericht bezahlt erhalten und sodann die Zahlung an Sie leisten.«
Dem Lohnkutscher Block mißfiel dieser Wechsel und er setzte den Advokaten Dr. Schroll davon in Kenntnis. Dieser begab sich am 5. Jänner 1826 zum Stadtgericht und gab zur Kenntnis, daß er nie mit Jacques Thalreuter in irgendeinem Verkehr gestanden, am wenigsten ihm einen Wechsel ausgestellt habe, und daß hiemit eine Fälschung vorliegen müsse, auf deren Untersuchung er Antrag stelle.
Der Erfolg war eine Haussuchung und die provisorische Verhaftung des verkappten Prinzen. Doch bereits am nächsten Morgen eilte die Baronin zum Stadtgericht und bat um Entlassung ihres Pflegesohnes. »Zwar«, sagte sie, habe sich der Bub »verschiedener kleiner Unregelmäßigkeiten schuldig gemacht, die sich auf 700 Gulden belaufen dürften. Doch ich habe ihm längst verziehen und ich will durchaus nicht, daß er deshalb zur Verantwortung gezogen wird.« Zugleich erklärte sie, für jeden Schaden und Nachteil, den er allenfalls einem Dritten zugefügt

haben mochte, mit ihrem ganzen Vermögen zu haften.

Einige Tage später erschien die Baronin wieder auf dem Stadtgericht; sie und der Baron waren über Jacques' Verhör informiert worden. Sie gab nur eine kurze Erklärung ab: »Wir wurden hintergangen. Wir begeben uns daher aller unserer pflegeelterlichen Pflichten und überlassen das unglückliche Kind dem Gericht.«

Diese Sinneswandlung einer Frau, die ein Kind voll Liebe und Verständnis aufgezogen hatte, bedarf einer Erklärung.

Nach zeitgenössischen Berichten, die den Auffassungen der Epoche entsprechen, war die Baronin »das allein gebietende Oberhaupt. Der Baron, ein gutmütiger, schwacher, geistig beschränkter Mensch, gehörte zum dienenden, leidenden Teil der Hausgenossenschaft. Er wußte von nichts, als was ihm die Gemahlin zu wissen erlaubte. Er wurde zu keinem Geschäft beigezogen, außer, um Unterschrift zu leisten. Die Baronin verfügte über alle Hausangelegenheiten sowie über die Verwaltung des Vermögens, das ohnehin fast ganz ihr gehörte und das – abgesehen von der unbedeutenden Pension des Barons – noch aus Kapitalien von ungefähr 11 000 Gulden, weiters aus einem Landgut, Schwaig genannt, und einigen Grundzinsen und Zehentrechten bestand. Wie wenig man den al-

ten Baron in seinem Hause als eine eigentliche Person betrachtete, ergibt sich schon daraus, daß Briefe an ihn von seiner Gemahlin geöffnet und beantwortet wurden. Diese pflegte denn auch ihren Gemahl, Dritten gegenüber, nicht anders als verächtlich und kalt mit ›der Assessor‹ zu bezeichnen.«
Es heißt dann weiter, daß die Baronin frühzeitig »eine unbegreifliche Affenliebe« für ihr Pflegekind faßte. Nach der Art alternder Frauen, die beim Sohn Ersatz für alles finden, was der Ehemann vorenthält, fühlte sich die Baronin durch dieses Kind zurückversetzt in die eigene Jugend und ergötzte sich an den liebenswürdigen Schelmereien des losen Knaben. Seine Bubenstücke hielt sie für Kindereien, und so wurde sie mit ihm auf bedenkliche Art wieder jung, ohne ihm jene Zucht angedeihen zu lassen, die für junge Leute aller Zeiten so nötig ist! »Im Umgang mit Bauernkindern«, heißt es weiter, »sah sie Gesundheit. Doch bringt solcher Umgang mit Primitiven auch das Beispiel pöbelhafter Sitten und gemeiner Denkungsart: das möge jeder bedenken, der seine Kinder auf dem Lande aufwachsen läßt.«
»Je mehr«, heißt es weiter, »dieser Knabe zum Jünglingsalter heranreifte, desto mehr befestigte sich seine Herrschaft über diejenigen, die ihm von Jugend an nur zu Gefallen gelebt und sei-

nem Willen gedient hatten. Mit der Pflegemutter lebte er auf dem Fuße höchster Vertraulichkeit, von seiner Seite aus ohne Achtung, ohne Liebe und Dankbarkeit. Die Mama ließ es an nichts fehlen, immer war ihre Kassa geöffnet für den Liebling. Nichts war ihm im Hause verschlossen, selbst zum Schrank, in dem die Baronin ihre Gelder verwahrte, hatte er Zugang. So wurde er, durch blinde Affenliebe der Pflegemutter, unumschränkter Herr ihrer Person und ihres Vermögens. Er machte mit ihr, was er wollte. Sie ließ sich alles gefallen.«

Im später stattfindenden Prozeß ließ ein Zeuge Andeutungen fallen, die große Erregung bei den Anwesenden hervorriefen: Es ging um die Möglichkeit, daß die alternde Baronin in ihrem jungen Pflegesohn mehr als einen Sohn geliebt haben könnte. Von den anwesenden würdigen Herren besaß wohl so mancher eine Ehefrau, die dem Alter nach sein Töchterchen oder gar ein Enkelchen sein hätte können, denn frühzeitig pflegte die ersten Gemahlinnen der Tod zu ereilen – zumeist im Kindbett –, doch solches Liebesglück einer Matrone zuzutrauen, war so ungeheuerlich, daß den Besitzern von Zweit- oder Drittfrauen Ekel hochstieg. Also wurde diese grauenhafte Möglichkeit außer acht gelassen, und der Zeuge berichtete weitere Schandtaten des jungen Jacques: Den gütigen Pflegevater hätte Jacques in des Zeugen Gegenwart mit Schmähungen überhäuft, ihn auch mit Schlägen traktiert, er sperrte ihn abwechselnd in den Taubenschlag und in den Schweinestall, um dann die Dorfjugend herbeizuholen und den Papa teils als girrenden Täuberich, teils als Eber vorzustellen ...

Jacques nutzte Mamas Gunst nicht nur dazu aus, um auf ihre Kosten Schulden zu machen – die sie, schmollend, immer wieder bezahlte –, sondern er entwendete aus ihrem Schrank auch hohe Geldbeträge, die aus Verkäufen von Staatspapieren stammten. Das Fehlen von fast 5000 Gulden fiel der Mama schließlich auf, und sie tadelte ihren Liebling, verschloß auch ab da den Schreibschrank mit einem Schlüssel. Jacques, nunmehr auf Sparflamme gesetzt, strengte sein schlaues Köpfchen an und entwarf einen Plan, das Elternpaar mit dessen Einwilligung ergiebigst zu schröpfen:

Im Sommer 1825 hatte er, erst vage, dann immer deutlicher, vom »Geheimnis« gesprochen, das über seiner Geburt lag. In einer stillen Stunde eröffnete er der Mama, daß er der Sohn des regierenden Herzogs sei. Unter Tränen erzählte er vom Tod seines älteren Bruders, den Gift aus der Welt geschafft habe, so daß der Herzog befürchtete, auch Jacques würde dieses

Los zuteile, und er das Knäblein Jacques dem Obristleutnant von Rescher anvertraute. Dieser übernahm nun die Erziehung des Herzogsprosses, zu dessen Schutz sich selbst als sein Vater ausgebend.

Um Details, die diese Erzählung festigten, war Jacques nicht verlegen: er ließ den Namen eines Grafen Rosenthal fallen sowie eines Obristleutnants von Hautbing. Letzterer wäre ein Günstling des Herzogs und ebenfalls in das Geheimnis eingeweiht, welches er nun kürzlich Jacques anvertraut hätte. Diese Erzählung mag Außenstehenden unglaublich erscheinen, und seine Pflegeeltern wußten ja auch Bescheid über die Herkunft ihres Lieblings. Doch haben die Menschen aller Epochen einen Hang zur Romantik, der im Biedermeier besonders ausgeprägt war: es schien der Mama, die persönlich wenig Romantisches erlebt hatte, aufregend reizvoll, einem Fürstenkind Mutter sein zu dürfen! Träumte sie, mit ihrem Prinz Kuckuck dereinst an des Herzogs Tafel zu sitzen? Träumte der etwas verkalkte Baron Stromwalter davon, alle Ausgaben für Jacques vom Herzog verdoppelt oder verdreifacht zurückzuerhalten? Wie immer auch: Jacques Plan gelang.

Er tat auch alles Nötige dazu: von Zeit zu Zeit kamen Briefe an den Baron oder die Baronin gerichtet, die Jacques persönlich überreichte.

Sie waren entweder vom durchlauchtigsten Vater, dem Herzog, selbst, oder vom Obristleutnant von Hautbing. Darin wurden Dukatensendungen angekündigt, oder es wurde für die pflegliche Liebe der Stromwalterischen gedankt, dann kamen wieder Entschuldigungen und Erklärungen, warum die Sendungen in der Höhe von 10000 Dukaten noch nicht hätten eintreffen können, und Durchlaucht-Papa kündigte einen baldigen Besuch an. Sämtliche Briefe, an die 20 Stück, waren auf billiges Papier fast unleserlich gekritzelt, doch Jacques war zuvorkommend genug, den Pflegeeltern den Inhalt vorzulesen, diesen auch durch Bemerkungen unterstreichend. Mochten sich auch Zweifel einstellen: Jacques beseitigte sie, als er schließlich mit einem Geschenk des herzoglichen Vaters für die Baronin ankam. »Oh!« rief diese bewundernd, als sie das Päckchen öffnete.
Es befanden sich sechs Gehänge schöner großer Perlen darin, alles erlesene Stücke. Da das Bargeld im Hause Stromwalter – infolge Jacques' Ausgaben – rar geworden war, verpfändete die Baronin die orientalisch aussehenden Perlen bei verschiedenen Leuten heimlich und bekam etliche hundert Gulden dafür. Daß der kostbare Schmuck in Stangls Galanterieladen gekauft worden war, eine Gehänge um 1 Gulden 30 Kreuzer, ahnte um diese Zeit noch niemand . . .

Jacques wurde nicht müde, Mama und Papa weiterhin auf das Aufregendste mit seiner Vergangenheit, respektive Zukunft, zu konfrontieren: er brachte das Gemälde eines ordengeschmückten Offiziers ins Haus und sagte: »Das ist der Herzog, mein lieber Papa.« Er brachte auch ein liebliches Landschaftsgemälde mit einem Schloß darin, das wie aus weißem Zucker gemacht schien, und sagte: »Dieses Anwesen hat der Herzog, mein Papa, für euch gekauft, zum Dank für eure Güte. Wir werden darin glücklich sein!« Als die Baronin eines Tages von einer Ausfahrt heimkehrte, empfing sie Jacques betrübt mit den Worten: »Wie fatal, daß ihr nicht daheim ward, du und der Assessor! Mein Papa, der Herzog, kam mit vier Pferden, um euch kennenzulernen, doch die Zeit drängte, und so konnte er nicht warten.«

Ein anderes Mal übergab er dem Baron ein Billet, in welchem Herr von Hautbing um die Ehre bat, eine Bouteille Champagner mit dem Baron im »Gasthof zum Schwanen« leeren zu dürfen, wo der Obristleutnant derzeit logiere. Stromwalter begann nun eilig, Toilette zu machen, wozu er, wegen seiner fortschreitenden Verkalkung, viel Zeit brauchte. Als er endlich im Abendanzug dastand, erschien Jacques und sagte betrübt: »Herr von Hautbing läßt sich entschuldigen, dringende Geschäfte ließen ihn

nicht länger verweilen. Du hättest den Kammerdiener für die Toilette beiziehen sollen!«
Einen Kammerdiener gab es aber schon lange nicht mehr im Hause: Jacques' kostspieliger Lebenswandel hatte sämtliche Domestiken, bis auf eine Magd, hinweggefegt. Die Pflegeeltern förderten diesen Lebenswandel hingegen weiter, und Mama war entzückt, als ihr Prinz Kukkuck eines Tages die sensationelle Eröffnung machte: Auf Grund der nahen Verwandtschaft zum herzoglichen Hause hätte sich die ebenso vornehme wie wohlhabende Familie von Waller entschlossen, ihre Tochter dem Leutnant Stromwalter zur Gemahlin zu geben. Der Leutnant, Stromwalters echter Sohn, wäre nun mit dieser reichsten Tochter der Stadt verlobt, bald gäbe es Hochzeit!
Die Baronin wußte zwar nichts von dieser heimlichen Liebe ihres Sohnes zu Fräulein Waller und hätte sie die Mutter der jungen Dame aufgesucht, hätte diese auch nichts von den Fensterpromenaden des Leutnants und den Buketts »in schönen Farben« bemerkt. Jacques, der Promenaden und Buketts zu schildern wußte, schloß seinen Bericht mit der Bitte um vorläufiges absolutes Stillschweigen, da sonst Neider auf den Plan gerufen würden. In der Folge kamen Briefe des Herzogs sowie des Obristleutnants von Hautbing an, in denen Baro-

nin und Baron Stromwalter zur Verbindung mit dem Haus Waller gratuliert wurde. Nur eine unbedeutende Schwierigkeit war noch zu bewältigen: die Heiratskaution für den Leutnant mußte erlegt werden. Sie betrug 10 000 Gulden und war bei der Militärkasse zu deponieren. Seiner noblen Art entsprechend übernahm der Herzog-Vater mehr als zwei Drittel der Summe. Für den Rest kratzten Mama und Papa Stromwalter 2700 Gulden zusammen. Prinz Kuckuck entlastete die ob der hohen Heirat selige Mama und übernahm den Weg zur Militärkassa, um die Summe abzuliefern.

Wenn heutige Mütter und Väter sich fragen, wie es möglich sein konnte, daß die Stromwalterischen so hirnverbrannt waren, auf die Tricks eines Teenagers hereinzufallen, so kann ihnen nur entgegnet werden: schaut umher und in die Zeitungen unserer Tage. Wohl fehlt uns die Romantik des Biedermeier, die es einem Früchterl dieser Epoche gestattete, sich zum geheimnisumwitterten Herzogssproß zu mausern. Doch die Menschen sind heutzutage nur vermeintlich nüchtern: Für ihre Töchter und Söhne bringen viele Eltern größte Liebe und Verständnis auf, ohne ihnen beizubringen, auch für sie Liebe und Verständnis zu haben; sie sind ihre besten Freunde, auf Autoritätsanspruch verzichtend, sie aber sind nicht ihre Freunde und ziehen die

Autoritätsansprüche an sich. Ein Heer von Wissenschaftern macht ihnen die Mauer: an allem, was schiefgeht, sind die Eltern schuld: Eltern lieben und erziehen die Kinder abwechselnd zuwenig und zuviel, spenden zu wenig Nestwärme oder ersticken die Kinder darin. Eltern machen sich unentwegt »schuldig« und bekommen das Verschulden noch um die Ohren geschlagen, wenn bereits ihr Herz gebrochen ist, weil ein Prinz Kuckuck oder ein Prinzeßchen schiffbrüchig wurde.

Die Stromwalterischen, schon halb bankrott, wußten natürlich nicht, daß all ihr Geld von Jacques verpraßt worden war. Sie freuten sich auf die Hochzeit des Sohnes mit Fräulein von Waller. Doch Jacques kam bald mit einer neuen Hiobsbotschaft: Leutnant Stromwalter wäre wegen demagogischer Umtriebe (man war im Vormärz) verhaftet worden! Mama Stromwalter, nunmehr um ihren echten Sohn besorgt, übergab, voll Verzweiflung, ihrem Kleinen, Prinz Kuckuck, die 1000 Gulden, die für eine Kaution nötig waren, um den Leutnant aus schimpflicher Haft zu erlösen.

Der erlöste Leutnant befand sich nachher in Geldverlegenheit. Mama verkaufte diverse Möbel. Doch der Leutnant hatte, durch Fensterpromenaden nur seelisch beglückt, zur Zeit seiner Anbetung des Fräulein von Waller auch leiblichen Verlockungen nachgegeben: ein Mädchen niedrigen Standes befand sich in der Hoffnung. Diese Frauensperson mußte zufriedengestellt werden, sollte die Vermählung mit Fräulein von Waller ungefährdet vor sich gehen. Mama Stromwalter verkaufte noch ein Sofa, noch ein paar Sessel. Als die vorgebliche Heirat endlich zustande kommen sollte, war noch Hochzeitsschmuck für die Braut zu erstehen. Jacques wußte Rat, Mama verkaufte, nahm Darlehen auf . . .

Prinz Kuckuck sprang immer hilfreich ein! Er schrieb Briefe für Mama, er las ihr, die schon schlecht sah, die Antworten des Herrn Leutnant vor. Einer der Kuckucks-Briefe an den Leutnant Stromwalter mag für diese Korrespondenz stehen:

»Euer Gnaden und Pflegebruder, es erlaubt sich, zu vermelden, daß binnen drei Wochen Ihre Frau Mutter nebst Vater zu Ihnen kommt, um Aufwartung zu machen. Mir wurde der Auftrag, zu erforschen, was Sie sich als Geschenk wünschen für die vielen Unterstützungen des elenden Purschen im Hause. Doch keine Ringe wählen sich Euer Gnaden nicht, da solche erfolchen werden bei der Vermählung. Die Mutter laßt Euer Gnaden grüßen, der elende Pursche empfiehlt sich von Rescher«

Daß dieser mit allen Rechtschreibfehlern wiedergegebene Brief niemals an den Leutnant Stromwalter abgesendet wurde, daß dessen Heirat, die »demagogischen Umtriebe« und das schwangere Mädchen, lediglich in Jacques' unerschöpflicher Phantasie existierten, muß wohl nicht besonders erwähnt werden.
Prinz Kuckuck, der »elende Pursche«, hielt alle Beteiligten weiter geschickt auseinander. Im Stromwalterschen Haus wurde es immer leerer. Nach Sofas, Schränken und Sesseln, Silbergeschirr, kupfernen und zinnernen Geräten, gingen auch Glaswaren, Bilder, Uhren, Dosen, Kessel und Wärmeflaschen dahin, einzig die Mäusefallen blieben, wie aus Hausratsaufzeichnungen ersichtlich ist.
Da nun alles bewegliche Gut verschleudert war, ging's um den bisher unbeweglichen Rest. Prinz Kuckuck bewog die Mama, ihr Landgut Schwaig zu verkaufen: an Herrn von Waller, der – natürlich in aller Heimlichkeit – dieses Gut für das junge Paar zu erwerben wünsche. Die Stromwalterischen verkauften das Landgut Schwaig – Prinz Kuckuck vermittelte und kassierte. Nun hatte Prinz Kuckuck eine Freudenbotschaft: Vater Herzog hatte ein Palais gekauft, in dem die Stromwalterischen für immer Wohnrecht besitzen würden. Für den restlichen Kaufschilling war es nur nötig, die Mietwoh-

nung zu kündigen und sich die Investitionen ablösen zu lassen . . .

Erst einige Tage, nachdem Jacques verhaftet worden war und sein Geständnis den Pflegeeltern vermittelt wurde, fing das große Erwachen für Mama und Papa an.
Papa Stromwalter sagte: »So ein kleiner Bub – nein, ich verstehe davon gar nichts. Das hat immer die Baronin gemacht.« Er soll geweint haben, weil er weder in seinem bisherigen Domizil, noch auf Schwaig seine Gicht pflegen durfte. Die Baronin weinte nicht. Sie berief sich auf ihr schwaches Gedächtnis: um wieviel sollte sie der geliebte Bub gebracht haben? Man nannte ihr Summen, zu denen sie nur den Kopf schüttelte: »So reich waren wir?«
Das Gericht befand, daß ein 15jähriger wohl nicht fähig wäre, zwei Menschen von Stand und überlegener Bildung in diesem Ausmaße zu täuschen und zu betrügen. Eine umfangreiche Untersuchung setzte ein.

Die Mär vom Papa Herzog, die erfundene Hochzeitsidylle des Bruders Leutnant, die Briefe, die Wechsel – da mußten Ratgeber, wenn nicht Anstifter, am Werk gewesen sein! Prinz Kuckuck, jung, blondlockig und makellos schön, gab dies auch an. Der Galanteriewa-

renhändler Stang sei der Anstifter und Genosse aller seiner »Taten« gewesen – Stang habe ihn zur Fertigung falscher Urkunden angeleitet, habe sie diktiert und mit dem königlichen Siegel versehen. Den Plan zu sämtlichen Betrügereien an seinen Pflegeeltern habe Stang entworfen, auch an deren Ausführung teilgehabt: einmal sei er, in Uniform und mit Orden dekoriert, als Abgesandter des Herzogs bei Mama und Papa erschienen! Ein beträchtlicher Teil des durch Betrug an Mama und Papa erworbenen Geldes sei Stang zugefallen. Dieser hätte dafür Waren für sein Galanteriegeschäft eingekauft. Aber auch sonst sei Stang ein Betrüger und Fälscher, der Lotterielose, Wertpapiere und falsche Wechsel gewerbsmäßig herstelle und verkaufe, wofür Prinz Kuckuck eine Liste mit genauen Details herzusagen wußte, desgleichen bezichtigte er Stang, in seinem Laden »Silberzeug« mit gefälschter Punzierung zu verkaufen. Die härteste Beschuldigung ging aber dahin, daß Stang den sehr vermögenden Bruder Frau Stromwalters mit Gift beseitigen wollte, um der Familie durch die Erbschaft neue Geldquellen zu erschließen: das Gift läge längst an einem bestimmten Ort in einer Flasche bereit.
Nun war Stang als solider Kaufmann und Familienvater stadtbekannt, dem ein solches Doppelleben kaum zuzutrauen war, doch es war

aktenmäßig erwiesen, daß Thalreuter mit ihm ständigen Umgang pflog und überdies: konnte ein Knabe von 15 Jahren derartige Beschuldigungen aus der Luft greifen? Stang wurde in Haft genommen. Prinz Kuckuck-Thalreuter wußte aber noch andere Mitschuldige anzugeben: der vermögende Handelsjude Wolofiz war, Thalreuters Darstellung nach Abnehmer der Stang'schen falschen Wertpapiere, ebenso der Gastwirt Brechtal, der die falschen Wechsel verkaufte und obendrein Thalreuter bei dessen Betrügereien an den Pflegeeltern mit Ratschlägen zur Seite gestanden sei. Weitere vier Personen belastete Thalreuter ebenso schwer, daß sie nach Stang, Wolofiz und Brechtal in Haft genommen wurden. Umfangreiche Untersuchungen, die über viele Seiten in den alten Berichten gehen, wurden nun vorgenommen, und es heißt, daß Thalreuter ständig mit neuen Enthüllungen aufwarten konnte. Doch beschränken wir uns auf's Resultat! Beim 26. ordentlichen Verhör gab Prinz Kuckuck endlich zu, seine Anklagen gegen Stang wären »reine Erdichtungen«, auch die gegen Brechtal: er hätte die beiden gehaßt. Den Stang, weil er ihm seine Waren zu teuer verkaufte, und den Brechtal, weil er ihm in seinem Wirtshaus nichts kreditieren wollte. Die Anschuldigungen gegen Wolofiz und die anderen Personen nahm er zurück.

Wie es in den alten Berichten heißt, war »es nun zur vollkommensten Gewißheit gebracht, daß dieser junge Bösewicht bei allem, was ihm über seine Pflegeeltern zu ihrem Verderben gelungen war, keine anderen Helfer gehabt habe, als sein eigenes Genie« – wobei die Schwäche und Leichtgläubigkeit von Mama und Papa immerhin nicht so gebrandmarkt wird, wie das heutzutage der Fall wäre, wo Sachverständige, insbesondere Psychologen, Mama und Papa in die Rolle der alleinigen Verschulder an »jugendlicher Fehlentwicklung« stoßen. Prinz Kuckuck, um mehr als 150 Jahre zu früh zur Welt gekommen, um die Segnungen moderner Rechtspflege zu genießen, wurde am 26. September 1826 – mit Rücksicht auf sein zartes Alter – zu acht Jahren Arbeitshaus verurteilt. Bereits zwei Jahre später, 1828, verstarb er im Strafarbeitshaus zu München, knapp nach dem Tod seiner Pflegemutter, die ihn häufig besucht und mit Paketen bedacht haben soll.

Hochwürden und seine Bräute

Der Priester Franz Salesius Riembauer, bis 1813 Pfarrer zu Nandlstadt (Landgericht Moosburg), war 1770 in Lanquaid als eines armen Taglöhners Sohn geboren worden. Als er heranwuchs, hütete er Schafe, doch wurde ihm das Elendsleben zuwider, und so warf er sich, 13jährig, dem Pfarrer von Langquaid zu Füßen, um einen Vorbereitungsunterricht für's Gymnasium zu erbitten. Denn er wollte studieren und sich dem geistlichen Stande widmen.
Der Pfarrer erfüllte den Wunsch des aufgeweckten Knaben, der fleißig lernte, ansonsten aber Anlaß zu Ärgernissen bot: so unterschlug er beispielsweise dem Herrn Kaplan 30 Kreuzer, die er dann beim Kegelspiel verlor, worauf er gehörig gezüchtigt wurde. Als weitere Diebereien aufkamen, entzog sich Franz der Bestrafung durch Flucht nach Regensburg, wo es ihm gelang, im Gymnasium aufgenommen zu werden. Er zeigte nun ein vorbildliches Betragen, erwarb Kenntnisse und viel Lob und wurde ein Musterstudent, der 1795 die Priesterweihe empfing. Mehrere Jahre diente er dann als Kaplan, Kooperator und Provisor bei verschiedenen Pfarreien, namentlich zu Heerwahl, Oberglein, Hofkirchen, Hirnheim, Sollach, Pfarrkofen, Pondorf. 1808 erhielt er, nach ehrenhaft bestandener Prüfung als Pfarramtskandidat, die Pfarrei zu Priel, und 1810 wurde er

Pfarrer in Nandlstadt. Seit Beginn seiner Priesterlaufbahn zeichnete er sich durch Begabung und Tugend so aus. Er war ein gut aussehender Mann von kräftigem Wuchs, wortreich und gewandt, gefällig im Wesen: seine priesterlichen Verrichtungen übte er mit ebensoviel Pünktlichkeit als Anstand und Würde, und seine Sitten waren, wie es heißt, »so wohl bemessen, daß sie wie lautere Sittlichkeit sich ausnahmen«. Seine Predigten waren voll Feuer: in und außerhalb der Kirche eiferte er gegen die Ruchlosigkeit der verderbten Welt. »Immer«, heißt es, »verließ er die Kirche mit seitwärts gesenktem Haupt, die halbgeschlossenen Augen auf den Boden geheftet, mit süßlächelndem Mund und gefalteten Händen.« Überdies stand er, wie das Volk glaubte, mit der übersinnlichen Welt in vertraulicher Verbindung. Verstorbene machten ihm Besuche »aus dem Fegefeuer«, baten ihn um eine Messe und fanden ihre Ruhe, sobald diese gelesen war. Noch während der Messe sah er dann den erlösten Geist, in Gestalt einer weißen Taube, davonfliegen. Es traten dem edlen Pfarrer Riembauer wohl auch, wenn er nachts über Feld zu Kranken oder Sterbenden eilte, die armen Seelen in Gestalt von Lichtlein in den Weg, um seinen Segen zu erhalten, und hüpften vor ihm nach der Rechten oder Linken, je nachdem, wohin er seine geweihten

Finger bewegte. Durch all dieses erwarb er sich einen so hohen Ruf, daß er lange Zeit fast wie ein Heiliger verehrt wurde.
Ein so vorbildlicher Mann rief natürlich auch Neider auf den Plan. So hieß es, daß der Pfarrer Riembauer keinem Menschen gerade ins Auge sehen konnte, wie es die Art der Heuchler wäre. Und einige Leute aus Hofkirchen behaupteten, mit seiner Tugend wäre es auch nicht weit her: zur Zeit, als er in Hofkirchen Kaplan gewesen, wäre die Pfarrersköchin Marie rätselhafterweise schwanger geworden, obgleich der Pfarrer selbst schon 80 Jahre war! Die Marie gebar 1801 zu Landshut ein Knäblein, um welches Riembauer besorgt war, doch starb es nach einigen Wochen. 1803 hinwieder gebar die Küchenmagd des Pfarrers von Hirnheim, wo Riembauer zu dieser Zeit als Kaplan wirkte, ein Mädchen! Diese Hirnheimer Küchenmagd hieß Anna Maria Eichstädter, und ihr Töchterchen, das von Riembauer getauft wurde, erfreute sich bester Gesundheit. Ebenso wie das Töchterchen einer Näherin namens Walpurga aus Pfarrkofen, wo Riembauer gleichfalls als Kaplan wirkte – nun, es gab auch in Pondorf, Oberglein und Sollach Kinder unklarer Herkunft, und in Lauterbach gab es die Tochter des sogenannten Thomasbauern, die Magdalena Frauenknecht hieß und 1807 ein Knäblein zur

Welt gebracht hatte! Diese Magdalena, hieß es, kränkte sich bitterlich, als Riembauers Köchin in Nandlstadt, Anna Weninger, nacheinander drei Kinder gebar.

Von diesen Frauenspersonen, die längere Zeit die Ehre hatten, Riembauer beizuliegen, hieß es, er pflege – teils um deren Gewissen zu beruhigen, teils um sich ihrer Treue zu versichern – sie sich durch feierliche Handlungen, wobei er Priester und Bräutigam in seiner Person vereinigte, als Gattinnen förmlich anzutrauen. So liegt beispielsweise ein Bericht der jungen Katharina Frauenknecht vor, der Schwester Magdalenas, die, hinterm Bett versteckt, der »Trauung« zwischen Riembauer und Lena beigewohnt hatte: sie hörte und sah, wie er hierbei alle bei einer Trauung üblichen Gebete und Ermahnungen gesprochen, auch einen goldenen Ring ihrer Schwester an den Finger gesteckt habe.

Auch Anna Weninger, Riembauers letzte Gefährtin, sagte im Prozeß (über den später berichtet wird) aus, daß solche »feierliche Handlung« zwischen ihr und dem »geliebten Herrn« stattfand – sie wollte allerdings nicht mehr wissen, ob der Priesterbräutigam mit seiner Stola bekleidet war ... Doch wußte sie, wie auch Mädchen aus seinem Unterricht, daß Riembauer bemüht war, jungen Frauenspersonen den

Lehrsatz praktisch begreiflich zu machen, daß sich eine solche Person mit einem »Heiligen des Herrn« gewisse Sünden wohl erlauben dürfe. Denn es wären keine Sünden im landläufigen Sinn: in einer Zeit, »in der die Liebe abhanden zu kommen droht« (Riembauer), »wird die Liebe heilig«.

Kinder in die Welt zu setzen, sah Riembauer als einen »Beitrag zur Erweiterung des Reiches Gottes« an. In seiner späteren Verantwortung im Prozeß erklärte er: »Eine vernünftige Kreatur, die ewig dauern soll, hervorzubringen, ist etwas Gutes. Dadurch wird der Mensch auf eine sonderbare Weise Gottes Bild, daß er mit ihm zur Hervorbringung eines Menschen beiträgt, wie der heilige Clemens von Alexandrien sagt. Es kann nicht gegen Gottes Anordnung sein, auch wider den Staat nicht, wenn ein solches Mitglied sittlichen und bürgerlichen Unterricht bekommt und so zu einem treuen Untertan erzogen wird. Mit diesen Gedanken ging ich um: auch die Kirchengeschichte (wahrscheinlich schöpfte hier der gelehrte Riembauer aus demjenigen Teil der Kirchengeschichte, der das Leben eines Sergius III., Johann XII., Innocenz II., Innocenz VIII., Johann XX., Alexander VI., Julius II. und anderer solcher Kirchenhelden erzählt) – und Erfahrung unterstützten meine Grundsätze. Und so wurde es meinem

Inneren leicht, mich zu solchen Cölibatsfehlern hinreißen zu lassen.«

Zölibatsfehler – Liebe, wie die Frau sie braucht: Riembauer nannte es »Pflicht des Mannes«, die Mutter seines Kindes nicht im Stich zu lassen. Es waren nun zahlreiche Frauen vorhanden, deren Leiblichkeit ihn zu Zölibatsfehlern hingerissen hatten – Riembauer litt an der Schwierigkeit, sie alle zufriedenzustellen, so daß sie ruhig blieben und der Aufrechterhaltung des Scheins seiner Tadellosigkeit kein Hindernis entgegensetzten.

In der alten Chronik heißt es:

Ohne Molière gelesen zu haben, verstand sich Riembauer auf die Kunst, im Geheimen zu sündigen und vor der Welt als Heiliger zu gelten: als verkörpertes Beispiel jenes bekannten Grundsatzes aller Scheinheiligkeit:

»Das Böse jeder That liegt nur im bösen Schein,
Kein Ärgernis? So ist das Auge gut;
Und, Sünde ist Sünde nicht, wenn man geheim sie tut.«
(Tartuffe)

Er mühte sich, die Kinder zu ernähren und die Mütter zufriedenzustellen. Die »Cölibatsfehler« gingen jedoch über seine Kräfte, da Liebe, wie die Frau sie braucht, nicht nur Geld, sondern auch Zuwendung erforderte: unersättlich war da so manche aus Riembauers Frauenbukett! Vor allem Anna Maria Eichstädter, deren Kind auf seine Kosten in Regensburg aufgezogen wurde!

Anna Maria, unter Riembauers »Cölibatsfehlern« wohl das am meisten zu bedauernde Opfer, war, laut Chronik, die Tochter eines Zimmermannes zu Fürth, Landgericht Landshut, »eine wohlgebildete, große und breitschultrige Person, unter anderem auch durch zwei Reihen der schönsten Perlenzähne« ausgezeichnet. An ihrem sittlichen Charakter war im Wesentlichen nichts zu tadeln als ihre allzu große Gefälligkeit gegen das männliche Geschlecht. Diese Gefälligkeit hatte der schönen Anna einige Kindlein beschert, die von verschiedenen Vätern stammten. Der letzte Kindesvater war Riembauer, dem die junge Frau mit Leidenschaft anhing: sie liebte und verehrte ihn dermaßen, daß sie sich jedes anderen Mannes enthielt und nur mehr im Zusammenleben mit ihrem »Heiligen« ihr Lebensziel sah.

Die Idylle auf dem Pfarrhof fand jedoch ein schmerzliches Ende: Riembauer wurde nach Pirkwang versetzt und konnte – oder wollte – Anna nicht mitnehmen. Es gab da auf dem sogenannten Thomashof die Familie Frauenknecht, die aus dem alten Vater, seiner um vieles jüngeren Frau und zwei Töchtern bestand: Magdalena, 1788, und Katharina, 1796 gebo-

ren. Bei Riembauers Amtsantritt anno 1805 war Magdalena ein blühendes Mädchen von 17 Jahren, dem auch die schärfsten Zungen nichts Nachteiliges nachsagen konnten, vielmehr galt sie als engelsgut und sehr fromm. Die kleine Katharina war ebenfalls als ein wohlerzogenes und redliches Mädchen bekannt, mit einem Verstand begabt, der ihren Jahren vorauseilte. Riembauer fand mehrfachen Gefallen an der Familie Frauenknecht: die schöne Magdalena war ebenso reizvoll wie der Thomashof! Es gelang ihm unschwer, das Vertrauen des schlichten Elternpaares zu erwerben, dem er bei der Verrichtung seiner bäuerlichen Aufgaben half, so oft ihn Beruf oder Belieben nach Lauterbach führte, ja, der kräftige Mann, der er war, arbeitete wie ein Knecht auf dem Thomashof und berief sich, um zu beweisen, daß ein Geistlicher durch Ackern, Dreschen und Pferdestriegeln, durch Heu- und Mistfahren und dergleichen der Würde seines geistlichen Berufes nichts vergab, ausdrücklich auf die Beschlüsse des Concilium Carthaginense, auf das Zeugnis des heiligen Epiphanius und auf das Beispiel so vieler Bischöfe und Priester der alten Zeit, die, wie die Kirchengeschichte lehre, ebenfalls die Handarbeit mit dem Predigtamte vereinigt hätten.
Die freiwillige Knechtsarbeit, die von den Nachbarn bestaunt wurde, ging bereits nach

einem Jahr in ein Besitzverhältnis über: »Ohne Geld zu haben«, heißt es, »kaufte er (Riembauer) am 12. Dezember 1806 den Eheleuten Frauenknecht um 4000 Gulden den Thomashof ab, ließ sich betrüglich vom Kaufpreis schon 2000 Gulden als bezahlt quittieren und machte, nach dem bald nachher erfolgten Tode des alten Frauenknecht, dessen Witwe eine falsche Gegenrechnung über 2000 Gulden, welche von ihr in guthmütiger Einfalt auch als richtig anerkannt wurde. Nachdem er sich so zum Eigentümer des Thomashofes gemacht hatte, in dem übrigens die (restlichen) Frauenknechtschen wohnen blieben, verlegte er seinen Sitz nach Lauterbach (ein Filialort von Pirkwang) und lebte hier neben seinen priesterlichen Verrichtungen ganz als Bauer, was ihm bei vornehmen Personen den Ruf eines ehrwürdigen Patriarchen der alten Welt, bei den Landleuten aber Staunen verschaffte.«

Als der trügliche Kaufvertrag über den Thomashof abgeschlossen wurde, hatte Riembauer auch sein zweites Ziel erreicht: die schöne Magdalena gehörte ihm in Demut und Liebe an. Ihren Zustand – eine beginnende Schwangerschaft – vor der Mutter verheimlichend, gehorchte sie ihrem Priester-Ehemann und ließ sich von ihm nach München verschicken, um dort »Kochen und Wirtschaften, wie es einer künftigen Haushälterin auf einem Pfarrhof entspricht«, zu erlernen. Riembauer, der Praktiker, hielt jedoch nichts vom theoretischen Erlernen solcher Hausfrauenkünste, auch war er, als Hofbesitzer, bäuerlich sparsam: Lenchen besuchte keine Bildungsstätte, sondern arbeitete als Dienstmagd im Hause eines Münchener Registrators, bis sie im Juni 1807 – Riembauer bestand da gerade rühmlichst seine Pfarramtskandidatenprüfung – mit einem Knäblein niederkam. Riembauer, der Lenchens Mutter über die Münchener Ausbildung der Tochter auf dem Laufenden hielt, verrechnete der Witwe Frauenknecht an Kosten dafür 500 Gulden, die vom noch schuldigen Kaufschilling für den Thomashof abgezogen wurden.

Während Riembauer sich in München zum Examen aufhielt, kam Anna Eichstädter, die damals zu Regensburg diente, der heftige Wunsch an, ihren Allerliebsten wiederzusehen, der ihr, außer Zärtlichkeit und Glück, auch Unterhaltszahlungen für ihr Kind schuldig geblieben war. Sie reiste nach Lauterbach und stellte sich auf dem Thomashof als Base des Kaplans vor. Mutter Frauenknecht und die kleine Katharina bedeuteten ihr, daß der Kaplan verreist sei, fanden aber nichts daran, der freundlichen Base den Schlüssel zu seinem Zimmer auszuhändigen. »Die Base«, wie es später zu Protokoll kam, »benahm sich im Zimmer so, als wäre sie die Herrin des Hauses. Sie öffnete alle Behälter.« Vermutlich suchte sie nach Geld, dürfte aber keines gefunden haben und hinterließ einen Brief für Riembauer, in dem sie ihn beschwor, sie doch nicht gänzlich im Stich zu lassen. Sie kehrte nach Regensburg zurück, von woher sie einen zweiten Brief an Riembauer richtete, in dem wieder die Rede von Liebe und Geld war.

Riembauer reiste bald darauf nach Regensburg und suchte Anna auf. Wie er später selber zugab, kam es zu inniger Vertraulichkeit, Anna flehte ihn an, das Verhältnis mit Lenchen zu beenden und sie wieder in ihre alten Rechte einzusetzen. Als er ging, begleitete sie ihn mit ihrem Kind bis nach Kumpfmühl, wo sie sich mit dem Kind auf dem Rain eines Feldweges setzte und mit aufgehobenen Händen bat, er möge sein Wort halten und sie wieder als Köchin zu sich nehmen. Riembauer verbot ihr daraufhin, jemals wieder nach Lauterbach zu kommen und hob drohend seinen Stock, woraufhin er die weinende Anna verließ.

Anna, die bis dahin zu Regensburg bei einem Pferdehändler gedient hatte, verdingte sich im Oktober 1807 bei einem Pfarrer, trat am 1. November beim neuen Dienstherrn wohl ein, bat aber um Erlaubnis, »noch Verwandte besuchen zu dürfen«. Zum Unterpfand ihres Dienstversprechens ließ sie dem Pfarrer ihre silberne Halskette und andere Sachen von Wert zurück. Auf ihr Verlangen gab er ihr, da es eben regnete, einen grünen, leinenen Regenschirm, auf dessen Handgriff die Buchstaben J. O. eingegraben waren, mit auf die Reise, die sie noch am selben Nachmittag antrat, versprechend, baldigst zum Dienstantritt zurückzukehren.

Was aus Anna Marias Kind wurde, ist nicht überliefert, sie selber kehrte jedenfalls nie mehr zurück. Der Pfarrer J. O., der Gründe haben mochte, sie bei Riembauer zu vermuten, schrieb demselben nach einiger Zeit einen Brief, worin er ihm auftrug, der Eichstädter zu sagen, sie möge ihm wenigstens seinen Regenschirm zurückschicken, wenn sie schon keine Lust mehr hätte, den Dienst bei ihm aufzunehmen. Riembauer antwortete, er sei außerstande, über die Eichstädter Auskunft zu geben, weder habe er sie, noch den Regenschirm des Amtskollegen, je zu Gesicht bekommen.

Anna kam weder nach Regensburg zurück, noch erschien sie je bei ihren Verwandten in Fürth. Man mutmaßte, daß sie ertrunken oder daß sie einem berüchtigten Mörder, der im darauffolgenden Jahr hingerichtet wurde, in die

Hände gefallen sei. Und »endlich«, heißt es, »gedachte man ihrer nicht mehr«.

Einige Monate nach Annas Verschwinden erhielt Riembauer seine Anstellung als Pfarrer in Priel. Er verkaufte mit Gewinn den betrüglich erworbenen Thomashof, und die Witwe Frauenknecht zog nebst ihren Töchtern mit ihm an den Ort seiner neuen Bestimmung. Lenchen, über deren Kind auch nichts mehr in Erfahrung zu bringen ist – selbst gewissenhafte Fachleute wie Anselm von Feuerbach, Neubegründer der deutschen Strafrechtswissenschaft, der die Abschaffung der Folter durchsetzte, 1817 Appellationsgerichts-Präsident in Ansbach wurde und internationalen Ruhm durch seine Veröffentlichungen »merkwürdiger Kriminalrechtsfälle« erwarb, hält sich in seinen hervorragenden Darstellungen menschlicher Verirrung nicht bei Bagatellen auf, wie es damals uneheliche Kinder waren, also auch Feuerbach, dem wir den Bericht über Riembauers Wirken verdanken, setzt an dieser Stelle nur fort: »In Priel besorgte Magdalena Frauenknecht von nun an alle Obliegenheiten einer jungen Pfarrersköchin. Aber sie und ihre Mutter wurden beide im folgenden Jahr in derselben Woche krank und starben plötzlich. Magdalena am 16., die Mutter am 21. Juni 1809.«

Katharina, 1796 geboren, im Jahre 1809 also 13 Jahre alt, war schon vor dem Tode ihrer Mutter und Schwester aus dem Pfarrhaushalt ausgeschieden. Es heißt, wegen Zänkereien mit Lenchen, aber auch wegen Kathis Abneigung gegen Riembauer. Kathi ging bei verschiedenen Herrschaften in Dienst, sie wird als Mädchen »heiterer Laune« beschrieben, das jedoch »zuweilen eine auffallende Angst« bezeugte. Die Einsamkeit erweckte ihr Grauen; am schrecklichsten war es ihr, nachts in einem Bett allein schlafen zu müssen, es war, als werde sie von furchtbaren Gesichten heimgesucht. Den Gepflogenheiten der Epoche entsprechend, schlief sie zumeist mit einer anderen Dienstmagd zusammen in einem Bett, worüber eine gewisse Katharina Schmid aus Regensburg zu berichten weiß: »Manchmal sprach sie von einer Weibsperson, die ihr nicht aus dem Sinn komme. Sie klammerte sich an mich und redete von einem gräßlichen Mord, welcher von Pfarrer Riembauer verübt worden sei.«

Eine andere Bettgefährtin, der Katharina ihre Geschichte anvertraute, riet ihr, sich einem Geistlichen zu eröffnen.

Katharina wandte sich nun an den »Benefiziaten M.« (laut Feuerbach), »dem sie umständlich erzählte, Riembauer, von dem ihre Familie um mehr als 2000 Gulden betrogen, sie selbst ihrer

Heimath beraubt worden sei, habe einer Weibsperson, welche im November 1807 in Lauterbach zu ihm gekommen, mit einem Rasiermesser den Hals abgeschnitten; hierauf habe er Mutter und Schwester, weil sie um diese Mordthat gewußt, durch Gift aus dem Wege geräumt. Endlich habe er auch sie in seine Gewalt zu bekommen getrachtet, um sie, die letzte Zeugin jener That, ebenfalls aus der Welt zu schaffen.«

Benefiziat M. – welche Gedanken mochte er sich angesichts des frühreifen Mädchens wohl machen? – riet Kathi von einer gerichtlichen Anzeige ab, empfahl ihr, den Pfarrer Riembauer, falls er schuldig sei, dem Gerichte Gottes zu überlassen. Waren dem Benefiziaten M. »wirre Gedanken pubertärer Weibspersonen« suspekt, wie es der Epoche entsprach? Oder ging es ihm um die Aufrechterhaltung des Ansehens seines Standes? Benefiziat M. versicherte später, daß er insgeheim mehreren Priestern diesen Fall vorgetragen habe. Sie hätten sein Verhalten in dieser Sache vollkommen gebilligt.

Ein anderer Priester, Kooperator S., dem Katharina später dieselbe Erzählung anvertraute, empfahl ihr gleichfalls Stillschweigen. Doch schrieb er dem Pfarrer Riembauer einen lateinischen Brief ohne Absender, in dem er ihm Schlimmes zu Aussicht stellte, wenn er sich mit einer gewissen Person nicht einige. Der Brief, wie ihn später Riembauer selbst noch aus dem Gedächtnis hersagte, lautete wie folgt:

»Habeo casum mihi propositum, quem tantummodo tu solvere potes. Vir quidam, quem tu bene noscis, debet alicui personae 3000 florenorum ciciter. Si conscientia tua vigilat, solve hoc debitum. Nisi intra quatuor hebdomados respondeas, horenda patefaciet ista persona. Hannibal ante portas!«

(Es ist mir ein Fall vorgelegt worden, den Du selber einigermaßen lösen kannst. Ein gewisser Mann, den Du gut kennst, schuldet irgendeiner Person ungefähr 3000 Gulden. Wenn Dein Gewissen wach ist, löse diese Schuld ein. Wenn Du nicht innerhalb von 40 Tagen antwortest, wird jene Person fürchterliche Dinge offenbaren. Hannibal ist vor den Toren!)

Endlich machte Katharina im Jahre 1813 beim Landgericht zu Landshut förmliche, gerichtliche Anzeige, die aber erst im folgenden Jahr, nach erlangter Eidesmündigkeit Katharinas, eidlich von ihr bekräftigt werden konnte. Diese Anzeige lautet im Wesentlichen wie folgt:

»Als im Sommer 1807 meine Schwester Magdalena zum Kochenlernen, und der geistliche Herr Riembauer, um sein Pfarramtsexamen zu machen, sich in München aufhielten, kam eine

Weibsperson von 22 Jahren, großer Statur, sehr hübsch, länglichen Gesichts, von lichtbraunen, langen Haaren, bürgerlich schön gekleidet, mit einer Riegelhaube auf dem Kopf, in unsere Wohnung, als eben meine Mutter auf dem Felde sich befand. Sie gab sich für die Base des Herrn Riembauer aus und verlangte, als ich ihr sagte, daß derselbe bei dem Concurse in München sei, die Zimmerschlüssel von mir, die ich ihr, als einer weltfremden Person, verweigerte. Sie erhielt sie aber von meiner Mutter, nachdem sie nach Hause gekommen war. Sie ging damit auf das Zimmer des Geistlichen und suchte darin herum, als wäre sie in ihrer eigenen Wohnung. Sie blieb bei uns über Nacht und sagte uns, sie habe kein Geld gefunden. Aber an den geistlichen Herrn deshalb einen Brief geschrieben, den sie in einer versiegelten Schachtel zurückgelassen habe. Ungefähr acht Tage darauf kam der Geistliche von dem Examen zurück. Ich erzählte ihm den Vorfall, und er sagte darauf, es sei dies eine Base von ihm gewesen, welcher er noch Geld schuldig sei. Im selben Jahre, im November, ich weiß nicht mehr genau den Tag, gegen Abend, nachdem der geistliche Herr eben Rüben von seinem Acker heimgefahren hatte, kam dieselbe Base wieder auf den Thomashof. Meine Schwester war schon mit Riembauer zu Hause. Ich und meine Mutter aber kamen ein

wenig später vom Felde zurück. Als wir unserem Hause nahten, hörten wir im oberen Zimmer des geistlichen Herrn Töne eines Menschen, von denen wir anfangs nicht wußten, ob es ein Weinen oder Lachen sei, das uns aber bald wie ein Gewinsel vorkam. In dem Augenblick, wo wir in unsere Haustenne traten, kam uns meine Schwester weinend von der Treppe herab entgegengelaufen und erzählte hastig, eine fremde Weibsperson, angeblich eine Base, sei soeben zu dem geistlichen Herrn gekommen. Dieser habe sie auf sein Zimmer geführt, habe ihr dann weisgemacht, daß er ihr Bier wolle bringen lassen. Unter diesem Vorwand sei er wieder herabgekommen, habe sein Rasiermesser geholt, sei damit sogleich wieder hinauf. Meine Schwester Magdalena, die ihm nachgeschlichen, habe durch das Schlüsselloch selbst gesehen, wie er sich alsdann der auf einem Sessel sitzenden Weibsperson genähert, dieselbe beim Hals gefaßt, als wenn er sie küssen wolle, nun aber ihren Kopf nach dem Boden gedrückt und ihr das Messer an die Gurgel gesetzt.
Während uns dieses meine Schwester in aller Hast an der Treppe erzählte, hörten wir noch immer das Winseln und die Worte des Geistlichen: »Nandel, mach Reue und Leid! Du mußt sterben!« Und sie wimmerte hierauf: »Franzl! Du mein über alles Geliebter! Thue mir nur das

nicht! Laß mir mein Leben! Ich komme dir gewiß nicht mehr um Geld!«

Meine Mutter und meine Schwester gingen sogleich in die untere Stube, ich aber sprang aus Neugier zur Treppe hinauf, vor die Thüre des Geistlichen und sah durch das Schlüsselloch deutlich, wie Riembauer auf der zu Boden liegenden, noch mit den Füßen zappelnden Weibsperson saß oder kniete und ihr mit beiden Händen Kopf und Hals festhielt.

Nun eilte ich hinab in unsere Wohnstube und erzählte meiner jammernden Mutter und Schwester, was ich gesehen. Die waren noch unschlüssig, ob sie nicht Leute zur Hülfe herbeirufen sollten. Als ich sodann wieder in den Hausflur ging, kam der geistliche Herr in seiner gewöhnlichen braunen Jacke und einem weißen Schurz die Treppe herab. Hände und Schurz waren voll Blut. In der Rechten hielt er noch das blutige Rasiermesser. Er legte es auf den kleinen Kasten, der im Hausflur stand. Alsdann begab er sich zu meiner Mutter und Schwester ins Zimmer. Ich horchte an der Thüre. Er erzählte ihnen, daß dieses Weibsbild von ihm ein Kind habe. Immer habe sie ihn um Geld gequält, auch jetzt wieder 100 bis 200 Gulden von ihm verlangt. Im Nichtzahlungsfall hätte sie ihn mit der Anzeige bei seiner Obrigkeit bedroht. Da er soviel Geld nicht aufzubringen wisse, habe er, um sich von ihr loszumachen, ihr die Gurgel abgeschnitten.

Hierauf schlich ich mich aus Neugier in Riembauers Zimmer und sah nun die Person, die schon diesen Sommer in unserem Haus gewesen war, ohne alle Lebenszeichen auf dem Boden in ihrem Blute liegen. Die Haare zerrauft, Halstuch und Korsett zerrissen. Ich schrie und weinte und ließ vor Schrecken das Licht, das ich mitgenommen hatte, auf den Boden fallen.

Als ich wieder in das untere Zimmer heruntergekommen war, sah ich den geistlichen Herrn seine blutigen Hände waschen. Ich sagte ihm, daß ich die nämliche Person, die im Sommer dagewesen, auf seinem Zimmer tot habe liegen sehen. Er schmeichelte mir hierauf entsetzlich, sagte, ich hätte nicht recht gesehen, versprach mir alle mögliche schöne Kleidung und schärfte mir ein, über alles, was ich gesehen und gehört habe, mit niemand zu sprechen. Meine Mutter jammerte noch immerfort und erklärte wiederholt, daß sie den Vorfall anzeigen werde. Aber Riembauer fiel mehrmals ihr zu Füßen und beschwor sie, ihn doch nicht zu verrathen. Als meine Mutter bei ihrer Erklärung beharrte, weil ohnehin das Stillschweigen zu nichts helfen werde, da ja die Nachbarsleute die fremde Weibsperson gesehen, gewiß auch das Getöse gehört haben würden, so äußerte Riembauer, er

müsse denn also nun auch sich selbst einen Tod anthun.
Hierauf zog er seinen Rock an, holte aus dem Stadel einen Strick und lief damit dem Walde zu. Meine Mutter und Magdalena folgten ihm von der Ferne, sahen, daß er wirklich Ernst machen wollte, und da sie glaubten, daß das Unglück ärger sei, wenn auch noch dazu der geistliche Herr sich erhänge, so liefen sie zu ihm und hielten ihn durch das Versprechen, nichts entdecken zu wollen, von der Ausführung seines Vorhabens ab.
Als er mit meiner Mutter und Schwester wieder nach Hause gekommen war, sprach er in meinem Beisein von einem sicheren Orte, an dem man den Leichnam beerdigen könne. Er wählte dazu das kleine Seitenkämmerchen linker Hand in seinem neuerbauten Stadel. Die Meinigen beruhigte er durch das Versprechen, er selbst wolle die Beerdigung besorgen und es würde gewiß nichts entdeckt werden, wenn nur das kleine Mädchen – ich war damals erst zwölf Jahre alt – keinem Menschen etwas davon sage. Um Mitternacht zwischen zwölf und ein Uhr tat er eine Kerze in eine Laterne und ging mit einer Grabschaufel in das linke Seitenkämmerchen seines Stadels, wo er das Loch ausgrub, das er für den Leichnam bestimmt hatte. Nach einiger Zeit hörte ich über mir ein Getöse. Ich

machte unsere Stubenthüre auf, sah ein Kerzenlicht neben dem Keller stehen und den Herrn Riembauer selbst, wie er von oben herab den noch völlig bekleideten Leichnam bei den Achseln, so daß der Kopf herunterhing, rücklings über die Treppe herabschleifte. Es überfiel mich ein Grauen und ich schloß die Tür und weiß nicht, auf welche Art er den Leichnam in den Stadel hineingebracht hat. Nachher aber ging ich doch dahin und in der offenen Tür stehend, sahen meine Mutter, Schwester und ich, wie der geistliche Herr die Ermordete samt ihren Kleidern schon in dem Loch hatte und sie mit Erde bedeckte.
Die Blutflecken vom Hause bis zum Stadel wischte er noch in derselben Nacht weg, Haus und Zimmer reinigte er davon erst am folgenden Morgen und zwar in eigener Person mit kaltem, dann mit heißem Wasser.
Doch in seinem Zimmer war das Blut schon eingetrocknet; das Abwaschen half nichts. Ich mußte ihm daher von unserem nächsten Nachbar, dem blauen Michael, einen Hobel borgen. Mit diesem hobelte er aus den Dielen das Blut hinweg und warf die Späne im untern Zimmer in den Ofen.
Am Morgen nach der Ermordung, als ich eben zur Schule ging, sah ich unsern Hund einen blutigen Weibsschuh im Hofe herumzerren.

Riembauer, dem ich dieses anzeigte, trug mir auf, ihn in die untere Stube zu tragen. Ich hob ihn, weil es mich grauste, an einem Stecken auf und warf ihn in der Stube auf den Boden. Ich weiß nicht mehr, was damit geschehen ist.
Die Nachbarn fragten uns, was doch wohl in unserem Haus für ein Lärmen und Weinen gewesen sei. Wir sagten hierauf, wie uns Riembauer zuvor eingeschärft hatte, wir hätten wegen unseres Vaters und der 2000 Gulden geweint, die uns der Herr Riembauer abgedrückt habe, was ohnehin schon hofmarkskundig war.
Die Ermordete hatte einen grünen Regenschirm mit in den Thomashof gebracht, der dem Pfarrer zu P. gehörte. Der geistliche Herr behielt ihn und besaß ihn noch als Pfarrer zu Priel.
Ungefähr 14 Tage nach der Beerdigung der Ermordeten verbreitete sich im Stadel ein abscheulicher Gestank. Die Weibspersonen, die das Getreide ausdroschen, beschwerten sich darüber bei Riembauer, der ihnen antwortete, daß er sich die Ursache davon nicht denken könne. Gleich nachher fügte es sich, daß eine Drescherin, die in das Seitenkämmerchen gegangen war, mit dem Fuße an etwas stieß. Weil es darin dunkel war, rief sie nach Licht, um nachzusehen, weil das Ding, woran sie gestoßen, etwas anderes sein müsse als ein Stein. Riembauer verhinderte dieses, eilte auch so-

gleich auf sein Zimmer, holte ein Schloß und legte es vor die Thür des Kämmerchens, das zuvor immer offengestanden war. In der Stube erzählte er uns das alles. Er sagte, es sei ein aus dem Grabe hervorragender Fuß der Nandel gewesen. Am Abend desselben Tages trug er daher noch Sand an die Stelle und füllte das Grab besser auf.«

Katharina ging sodann zur Geschichte der Krankheit und des Todes von Mutter und Schwester im Juni 1809 über. Sie war von Regensburg geholt worden, um – zu der Zeit 13 Jahre alt –, statt ihrer erkrankten Schwester die Küche zu besorgen. Sie behauptete, Mutter und Schwester wären von Riembauer vergiftet worden und führte als Begründung dafür an, Mutter und Schwester hätten in häufigem Streit mit Riembauer gelebt, Lenchen habe ihm auch den Dienst aufsagen wollen, wodurch der Pfarrer die Entdeckung seiner Tat befürchten mußte. Er habe keinen Arzt für die Erkrankten beigezogen, auch auf einen Priester mußten sie verzichten. Die Arzneien, die er vom Bader heranschaffte, zwang er ihnen sogar gegen Widerstand auf. Nach der letzten Arzneiaufnahme sei Lenchen außer sich gekommen und verschieden. »Ihr toter Leib«, fuhr Katharina fort, »war aufgedunsen und voller Brandflecken. Der Bader vermuthete, sie sei schwanger gewesen. Das

nämliche vermuteten auch die Dorfbewohner und nannten den Pfarrer als Schwängerer. Alle verwunderten sich, daß meine Mutter und Lenchen so schnell gestorben waren.«
Endlich behauptete Katharina, Riembauer habe mehrmals zu erkennen gegeben, daß er beabsichtige, auch sie ums Leben zu bringen. So habe sie die verstorbene Schwester gewarnt, da er ihr gegenüber äußerte, er wolle 200 oder 300 Gulden nicht ansehen, wenn jemand die Katharina aus der Welt schaffe; denn, habe er beigesetzt, das Mädel wird immer größer und verständiger, am Ende kann man ihr nicht genug Heirathsgut geben, um sie am Reden zu hindern.« Nach Lenchens Tod hätte Riembauer sie (Katharina) denn auch nicht weglassen wollen von sich und ihr 800 Gulden zum künftigen Heirathsgut versprochen, damit sie bei ihm bliebe. Nach 4 Wochen habe sie aber sein Haus verlassen, und da er sich allen Besitz der Verstorbenen angeeignet hatte, sagte sie beim Weggehen zu ihm: »Herr Pfarrer, ich vergesse auch nicht das Vergangene.« Worauf er erwiderte: »Es wird dich treffen, nicht mich. Ich weiß schon, was ich zu sagen habe! Deine Mutter und Schwester sind tot, die können nicht mehr reden. Ich werde sagen, diese beiden haben die Weibsperson umgebracht!« Er verstand es später auch, immer wieder in ihre Nähe zu gelan-

gen und trachtete, sie in seinen Dienst oder doch in seine Gewalt zu locken. Aus Angst und Vorsicht habe sie sich jedoch vor seinen Nachstellungen retten können.

Diese Anschuldigungen, die ein 17jähriges Mädchen gegen einen angesehenen Geistlichen erhob, waren in ihrer Gräßlichkeit zugleich so seltsam und ins Ungeheuerliche hinüberspielend, daß man sie auf den ersten Blick eher für Phantasien als für wirkliche Begebenheiten halten mochte. Indessen zeigte dieses Mädchen solch klaren Verstand, und ihre Erzählung war so umständlich und genau, daß ein krankes Gemüt nicht angenommen werden konnte und der Anzeige nachgegangen werden mußte.
Der Thomashof hatte einen neuen Besitzer, und Riembauer amtierte in Nandlstadt, wo ihm seine Köchin Anna Weninger eben ein drittes Kindlein geboren hatte. Es konnten also ohne Aufsehen Nachforschungen an Ort und Stelle geschehen, deren Ergebnis sogleich über Gehalt und Bestand der Anzeige entscheiden würde. Auf Requisition des Landgerichtes Landshut wurde daher alsbald von dem Landgerichte Pfaffenberg der Thomashof zu Lauterbach untersucht. »Es fand sich«, heißt es im Gerichtsakt, »hier der von der Denunciantin angezeigte, von Riembauer neugebaute Stadel; man fand

in ihm linker Hand ein Seitenkämmerchen, man grub dort nach und fand in sehr geringer Tiefe nebst einem Weiberschuh ein weibliches Gerippe mit einem Schädel, in beiden Kiefern voll der schönsten, weißen Zähne. In dem Zimmer, welches Riembauer ehemals bewohnt hatte, entdeckte man auf den Dielen des Fußbodens eine Menge unauslöschlicher Flecken, die sogleich für Blutspuren erkannt wurden und die, als man sie mit warmem Wasser befeuchtete, sich in heller Blutröthe darstellten. An neun Brettern des Fußbodens waren deutliche Spuren einer in Tischlerarbeiten ungeübten Hand nicht zu verkennen, welche den Versuch gemacht hatte, ähnliche Flecken durch den Hobel hinwegzutilgen.«

Und der Nachbar des Thomashofes, der von Katharina so benannte »blaue Michael«, bezeugte, daß vor ungefähr sechs Jahren die Frauenknechtschen bei ihm einen Hobel geborgt hätten.

Riembauer wurde verhaftet und unter Bewachung nach Landshut transportiert. Er schien durchaus gefaßt und zeigte sich beim ersten summarischen Verhör, am 27. Oktober 1813, keineswegs unwissend über die Ursache seiner Verhaftung. Er fing sogleich von Anna Maria Eichstädter zu erzählen an.

Er wäre als Kooperator zu Hirnheim mit dieser Person, jedoch in allen Ehren, bekannt geworden, sie hätte Vertrauen zu ihm gefaßt und ihm 50 Gulden Erspartes zum Aufheben gegeben, daran wohl die Bitte knüpfend, sie als Köchin aufzunehmen. Er hätte ihr das auch unter der Bedingung zugesagt, daß sie sich sittlich aufführe. Seit er von Hirnheim weggekommen, habe er nichts mehr von ihr gehört. Als er nach Pirkwang versetzt wurde, habe sie ihn zweimal wegen Abschlagszahlungen von jenen 50 Gulden mit Boten und Briefen beschickt. Im Sommer 1807, als er zu München beim Examen gewesen, sei die Person nach Lauterbach gekommen, um ihn aufzusuchen. Zum größten Verdruß der Frauenknecht-Familie hätte sie erzählt, daß sie sein Versprechen habe, bei ihm als Köchin aufgenommen zu werden. In einer endlosen Suada, die vollständig wiederzugeben ermüden würde, berichtete er dann von seinem »unaussprechlichen Schrecken«, als er in seinem Zimmer die leblose Eichstädter auf dem Boden liegen sah. Er rannte in die untere Stube, wo die Bäuerin und Magdalena sich aneinander hielten und wie Espenlaub zitterten. Auf seine Fragen, was oben geschehen sei, ergriffen Mutter und Tochter unter Schluchzen seine Hände und flehten ihn an, von allem zu schweigen. Er erfuhr sodann, daß es einen schrecklichen Streit mit der

Eichstädter gegeben habe, der soweit führte, daß die Eichstädter zustach, worauf Magdalena sein Rasiermesser ergriffen und die Eichstädter in den Hals geschnitten habe. Die Ursache des Streites sei gewesen, daß die Eichstädter sich als künftige Wirtschafterin aufspielte und Mutter und Tochter vom Thomashof verjagen wollte.
Er habe nun fortgehen wollen, doch die Frauenknechtschen flehten ihn an, sie nicht in Stich zu lassen: sie würden ihm vom noch nicht bezahlten Kaufschilling für den Hof soviel nachlassen, als er nur wolle. So blieb er über die Nacht, ging am anderen Morgen aber früh weg. Als er gegen Abend heimkam, sah er die tote Eichstädter bereits auf einer Misttrage liegen. Mutter und Tochter sagten ihm, sie würden sie in dem Seitenkämmerchen des Stadels vergraben. Er sagte, sie sollten sie hintun, wo sie wollten, er könne ihnen nicht helfen.
Am anderen Morgen hätte er sich den Platz besehen und die Frauenknechtschen darauf aufmerksam gemacht, daß, wenn ein Mensch oder Tier in den Stadel käme, die Sache leicht entdeckt werden könne. Sie nahmen daraufhin Sand und Steinbrocken und überdeckten die Grabstätte gründlicher.

Riembauers Darstellung der schrecklichen Ereignisse auf dem Thomashof sollten ihn als

Priester zeigen, der aus Mitleid mit den Tätern, die ihr Verbrechen tief bereuten, die entsetzlichen Vorfälle auf eigene Gefahr in seinem priesterlichen Gewissen verwahrte.
Was die Anschuldigung gegen ihn selbst betraf, so betrieb er die hohe Politik jener Intelligenten, die Tatsachen, für die Beweise vorliegen, nicht ableugnen – wie es kleine Geister tun –, sondern diese zuvorkommend einräumen, aber in andere Zusammenhänge bringen: Was Katharina erzählte, war richtig, doch er vertauschte die Personen. Magdalena und ihre Mutter waren die Verbrecher, er nur Zuschauer, der aus christlicher Liebe geschwiegen hatte.
Er riskierte es, durch solche Verschiebung den Mord am Thomashof zur Albernheit werden zu lassen: wie wäre es denn möglich gewesen, daß Magdalena, die er selber ein »engelsgleiches Wesen« nannte, sich plötzlich in eine Megäre verwandelt hätte? Magdalena war klein, mager und schmächtig gewesen, ihre Mutter eine ausgemergelte Frau. Anna Maria Eichstädter hingegen war groß, stark, breitschultrig und von kräftigem Muskelbau. Wer sollte die Möglichkeit fassen, daß eine starke Frau einer schwachen willig den Hals dargeboten und so lange stillgehalten habe, bis diese mit ihrem Rasiermesser die Gurgel der Feindin durchschnitt? Worauf spekulierte Riembauer?

Er schien nach System vorzugehen. Als Gefangener bestach er die Wärter, Briefschaften an Bekannte zu expedieren, in denen er sie aufforderte, für ihn Zeugnis abzulegen. Namentlich daß, und unter welchen Umständen, die verstorbene Magdalena sich selbst anderen als Urheberin des Mordes an der Eichstädter entdeckt habe. In einem Brief an einen Amtsbruder suchte er den Pfarrer K. zur Ausstellung eines solchen Zeugnisses zu bewegen: »1. wegen unserer Bruderliebe, 2. wegen der guten Anna Weninger, meiner Köchin, 3. wegen meiner Freunde, die um mich betrübt sind, 4. wegen der Geistlichkeit, auf die es einen Schatten wirft, 5. wegen der Gläubigen, die in Zweifel geraten könnten.«

Der Anna Weninger, die ihm in der unwandelbaren Ergebenheit eines Weibes anhing, dem der Mann Gott auf Erden ist, schrieb er zwischen Sätzen von Liebe, daß sie den grünen Regenschirm seines Amtsbruders schleunigst zur Seite schaffen solle. Einige dieser Briefe gelangten wirklich an ihre Adresse, wie der Brief an die Weninger, die alles pünktlich tat, um ihrem Herrn und Gebieter zu Gefallen zu sein.

Riembauer ging, ermutigt von Erfolgen, nun daran, durch weitere Bestechungen zur Einsicht in die Untersuchungsakten zu gelangen. Der Versuch mißlang.

Als Riembauer aus dem Wechsel seiner Wärter und nach der Versetzung in ein anderes Gefängnis zur Überzeugung gelangte, daß seine Briefe in den Händen des Untersuchungsrichters landeten, änderte er seine Taktik. Er erklärte seinem Richter, daß er eine Entdeckung melden müsse: es sei ihm das Unglück widerfahren, daß er aus Melancholie in vorübergehenden Wahnsinn verfallen sei.

In diesem – bedauernswerten – Zustand habe er, ohne Verstand und Willen, Briefe geschrieben, die vielleicht geradeso aussähen, als wenn sie Verstand und Willen diktiert hätten. Und nun bemühte er sich, dem Richter nach irgendeines Jesuiten Logik oder Metaphysik den Unterschied zwischen einem menschlichen sensus externus, internus und intimus auseinanderzusetzen und dann an jenen Bestechungen und Briefen zu zeigen, daß er damals zwar noch den sensus externus und internus beisammen gehabt, aber des sensus intimus, auf welchen alles ankomme, ganz und gar ermangelt habe.

Der Ungereimtheit seiner ersten Darstellung ungeachtet, blieb sie vier ganze Jahre hindurch das Thema, das er in neunundneunzig Verhören, zahllose Gegenüberstellungen nicht mit eingerechnet, zwar in manchen Absätzen variierend, im Großen und Ganzen aber immer wiederholte: Daß er der Mörder der Eichstädter nicht sei. Daß diese am 3. November, nicht am 2. ermordet wurde. Daß es Magdalena gewesen sei, die aus Eifersucht und Zorn der Eichstädter den Hals durchgeschnitten – und ihn Christenliebe und vermeintliche Priesterpflicht verleitet habe, die unmenschliche Tat Magdalenas im Busen zu verwahren.

»Wenn man mir auch, wie dem heiligen Bartholomäus, die Haut über den Kopf zöge!«, pflegte er zu rufen. »Das sind Wahrheiten, die ich, stünde ich auf dem Schafott, mit meinem letzten Hauch noch in die Welt hinausriefe!«

In den meisten Verhören zeigte er die ruhige Gelassenheit eines Dulders. Die richterlichen Fragen pflegte er mit süßem Lächeln zu beantworten. Riß ihn seine »beleidigte Unschuld« zur Heftigkeit hin, entschuldigte er die »Wärme« mit der »Hilflosigkeit des Schafes, das von bissigen Hunden angefallen wird«. Alle Versuche des Richters, Riembauers Verstand durch Vorhaltung der vielen Unwahrscheinlichkeiten seiner Darstellung zu überwältigen, wurden an dessen dialektischen Künsten zuschanden; kein Widerspruch war so grell, für den er nicht irgendeine Hypothese vorrätig gehabt hätte, kein Ding so unwahrscheinlich, das er nicht, nach Lehrsätzen seiner Psychologie und Metaphysik, als wahrscheinlich vordemonstrierte. Hielt man ihm vor, wie ganz unglaub-

lich es sei, daß ein »engelsgleiches Wesen« wie Magdalena eine solche Greueltat begangen haben solle, so ließ er sich über die Tierhaftigkeit des weiblichen Geschlechts aus, dessen biologisch bedingte Unvernunft Taten voll Leidenschaft ermögliche, die der ratio des Mannes unbegreiflich sein müßten. Daß er alles Denkbare an Lügen auftischte, um die junge Katharina verdächtig zu machen, versteht sich von selbst: er ließ die weibliche »Lust am Leiden« anklingen, die ein Mädchenkind beflügle, im Guten Hirten den Mann als Erlöser zu begehren, dessen Ablehnung ihr die Leidenslust beschere, welcher triebhaften Finsternis solch ein Kind sich durch Verleumdung des Geliebten vergeblich zu entziehen versuche. So fand er warme Worte des Verständnisses für Katharinas Begehrlichkeit nach ihm, dem Hirten des Frauenknechtschen Haushalts, und als ihm Katharina gegenübergestellt wurde, rief er, flammenden Auges: »Quis contra torrentum? Wenn dreißigtausend Menschen dastehen und sagen, der Teufel sei weiß, so werde ich doch allzeit behaupten, der Teufel ist schwarz, und die Frauen sind seine Handlangerinnen!«
Da Riembauer weder durch Ermahnungen noch durch Beweise beizukommen war, versuchte der Untersuchungsrichter durch Erregung seiner Einbildungskraft einen Weg zum

Riembauerischen Gemüt zu finden. Schon hatte die Untersuchung zwei volle Jahre gedauert, und Riembauer hatte mehr als 80 Verhöre bestanden, als der Untersuchungsrichter am Allerseelentag 1815, am gleichen Tag, an dem vor acht Jahren der Mord begangen worden war, ein neues Verhör angeordnet: das achtundachtzigste. Es begann um vier Uhr nachmittags und war darauf angelegt, sowohl Riembauers Verstand von der Vergeblichkeit weiteren Leugnens zu überzeugen, als auch seine Seelenruhe zu erschüttern. Riembauer blieb wie immer unbewegt. So wurde es Mitternacht, als der Untersuchungsrichter die Hand bewegte, die auf einer Erhöhung am Tisch lag. Diese Erhöhung war mit einem Tuch bedeckt. Plötzlich hob die Hand des Untersuchungsrichters das Tuch hoch, und ein Totenschädel auf schwarzem Kissen wurde sichtbar.

»Das«, sagte der Untersuchungsrichter, »ist der Schädel der Anna Maria Eichstädter, deutlich erkennbar an beiden Kiefern voll der schönsten weißen Zähne.«

Riembauer sprang vom Stuhl hoch und starrte den Richter an. Doch bald lächelte er wie gewöhnlich, trat aber zur Seite, um nicht dem Schädel in die gleichsam drohenden Augenhöhlen blicken zu müssen. Von der Seite her auf ihn hindeutend, sprach er scheinbar tief bewegt:

»Mein Gewissen ist rein. Oh, du Schädel einer Unglücklichen, könntest du sprechen, würdest du sagen: Riembauer ist mein Freund, mein Mörder war er nicht!«

Es nützte alles nichts: Riembauer war nicht beizukommen. Die Akten schwollen mit der Zeit zu zweiundvierzig Foliobänden an, am 1. Oktober 1817 wurde mit der Erstattung des Hauptvortrags begonnen, dessen Fortsetzung am 14. Oktober unterbrochen wurde, da ein Protokoll eines Verhörs einlangte, um das Riembauer selbst gebeten hatte. In diesem erklärte er: »Ich habe tiefer nachgedacht, auch den Heiligen Geist um volle Erinnerung angebetet. Da ist es mir immerfort klarer geworden, daß ich mich in einer meiner früheren Aussagen irrte.« Worauf er den seit 4 Jahren behaupteten Satz, daß Anna Maria von Magdalena ermordet worden sei, in der Art zurücknahm, daß er bekundete, eines Tages von einer Frau W. gehört zu haben, eine gewisse Katharina Schmid habe der W. gesagt, es sei ihr von Magdalena erzählt worden, nicht sie, sondern allein ihre Mutter habe die Eichstädter umgebracht. Diese durchaus neue Wendung veranlaßte den Gerichtshof, den Vortrag auszusetzen und weitere Vernehmungen anzuordnen.

Am 20. November 1817 wurde zu Landshut ein Jude hingerichtet, der Lammfromm hieß und einen Mord begangen hatte. Riembauer sah von seinem Gefängnis aus zu, wie Lammfromm zum Tode geführt wurde. Von der Standhaftigkeit und Ruhe, mit der dieser Mensch seinem blutigen Ende entgegenging, zeigte sich Riembauer seltsam betroffen. Als er sein Erstaunen darüber äußerte, wie doch dieser Mörder zu solcher Seelenruhe gekommen sei, berichtete man ihm, wie es sich auch wirklich verhielt: erst vom Augenblick an, wo Lammfromm sein Gewissen durch ein aufrichtiges Geständnis erleichterte, wäre er in solche Gemütsstimmung versetzt worden, die ihn dann bis zu seinem Ende nicht mehr verlassen habe. Von nun an wurde Riembauer unruhiger und ängstlicher denn je, aß und trank wenig und bat schließlich am 26. November um ein Verhör. In diesem Verhör, es war das hundertste, fiel er sogleich auf die Knie, bat um Beendigung seines Prozesses, sprach von Lebenssattheit, konnte sich aber noch immer nicht zu einem Geständnis entschließen. Der Untersuchungsrichter ging nochmals mit ihm alle Unwahrscheinlichkeiten und Widersprüche seiner Angaben durch, riet ihm, mit seinem Gewissen und Gott Frieden zu schließen, so ging es über Stunden, bis Riembauer zusammenbrach. Er flehte um den Schutz

der allerhöchsten Regierung für seine unschuldigen Kinder und deren Mutter, Anna Weninger, und bekannte sodann, Anna Maria um's Leben gebracht zu haben.
Die Geschichte des Verbrechens, wie sie von Riembauer selbst bekannt und in noch dreizehn Verhören teils wiederholt, teils berichtigt und ergänzt wurde, ist folgende:
Seit die Eichstädter ihn ständig bestürmte, ihm dienen zu dürfen, fühlte er sich bedroht durch diese leidenschaftliche Zudringlichkeit, die einen Skandal hervorrufen konnte, welcher ihn um Ehre und guten Namen bringen würde. Er fürchtete, seine Vorgesetzten würden ihn als unwürdig erkennen, wodurch er zumindest jeder Beförderung verlustig ginge. »Bei meiner Zusammenkunft mit ihr zu Regensburg«, sagte er, »erklärte sie mir wieder, daß sie von mir nie lassen würde. Ich dachte: was tust du, wenn sie auf den Thomashof kommt? Meine Ehre, mein Stand, alles, was mir heilig war, mußte an der Besessenheit dieser Küchenmagd zugrunde gehen. Da fiel mir der Grundsatz des Pater Benedikt Sattler in dessen Ethica Christiana ein. Nach diesem Grundsatz ist es erlaubt, einem anderen das Leben zu nehmen, wenn man seine eigene Ehre nicht anders zu retten vermag; denn die Ehre ist ein noch höheres Gut als das Leben, und gegen den, der unsere Ehre angreift,

muß uns gleiches Recht der Notwehr zustehen wie gegen einen Räuber. Ich fand diesen Grundsatz passend für mich und machte mir ein dictamen practicum daraus.«

Die Eichstädter erwartete, außer Liebe, auch eine Schuld an 36 Gulden Kostgeld für ihr Kind. Die vielen Protokollseiten, die sich mit ihrem vergeblichen Besuch auf dem Thomashof beschäftigen, besagen nichts anderes, als schon in Katharinas Aussage stand und können deshalb übersprungen werden. Zu den Ereignissen am Allerseelentag 1807 äußerte sich Riembauer so:
»Ich fuhr mit Magdalena Rüben vom Feld nachhause, als ich eine Weibsperson in den Thomashof hineingehen sah. Zu meinem Entsetzen erkannte ich in ihr die Eichstädter. Ich traf sie in der unteren Stube und führte sie nach einer kurzen Unterredung die Treppe hinauf. Ich gestehe, daß ich die Absicht hatte, sie über die Treppe hinunterzuwerfen, warum es nicht geschah, weiß ich nicht, vielleicht dachte ich, sie könne sich durch den Fall nur verletzen, und dann wäre das Übel noch ärger.«
Als er mit ihr auf sein Zimmer gekommen war, bedrängte sie ihn wieder um Liebe, um Anstellung bei ihm und bat ihn, die Magdalena aus dem Haus zu weisen. Er hielt ihr die Unmög-

lichkeit der Erfüllung dieser Wünsche vor Augen, sie ließ nicht locker. Er ging nun nach unten, um Bier für sie zu bestellen, nahm ein Brotmesser und sein Rasiermesser zu sich und ging wieder zu ihr hinauf. Sie fing nun neuerlich zu bitten und betteln an, auch drohte sie, ihn bei seinem Konsistorium zu verklagen. In dieser fürchterlichen Lage sei ihm wieder der Pater Sattler'sche Grundsatz eingefallen. Er habe daher zuerst das Brotmesser ergriffen und damit auf die rechte Seite ihres Halses zugestoßen, aber zu großen Widerstand gefunden, weil das Messer zu stumpf gewesen. Er habe sie dann zu erdrosseln versucht, wobei er ihr zurief, sie möge Reue und Leid machen, denn sie müsse sterben. Sie bat nun flehentlich um ihr Leben. Doch er nahm das Rasiermesser.

Über lange Protokollseiten berichtet nun Riembauer, wie er die Frau, die die Mutter seines Kindes war, abschlachtete: sie wehrte sich nicht, sie schluchzte nur: »Franzl, vergiß nicht auf unser Kind.« Er hingegen sagte: »Mariandel, ich bitte dich und Gott um Verzeihung! Du wolltest es selbst so. Bitte zu Gott um Verzeihung deiner Sünden, und ich gebe dir die Absolution.« Er gab ihr solche auch in diesem »casu necessitatis« (Riembauers Worte). Als sie auf den Boden gesunken war, sprach ihr Riembauer noch ein paar Minuten geistlichen Trost zu,

»bis ihre letzten Lebensgeister entflohen«. Eine silberne Florschnalle, Anna Marias Geldbeutel mit ungefähr zwei Gulden Inhalt und den Regenschirm des Amtskollegen nahm Riembauer an sich. Über die Beisetzung im Stadel deckte sich seine umständliche Darstellung mit der Katharina Frauenknechts, auch das Waschen und Abhobeln der Bretter wurde von ihm ähnlich geschildert. »Sonst weiß ich«, fuhr er fort, »über die traurige Geschichte nichts mehr anzuführen als meinen Jammer und mein stilles Leid, und daß ich öfters für die Eichstädter Messen appliciert habe.«

Selbst nachdem er die Tat mit allen Hauptumständen eingestanden hatte, zeigte er keine eigentliche Reue, »vielmehr suchte er alle Künste jesuitischer Dialektik hervor«, heißt es, »um seinen Mord bald zu rechtfertigen, bald zu entschuldigen. So erklärte er immer wieder, daß er keine andere Absicht hatte, als den öffentlichen Skandal zu verhüten, den vielen Sünden und Übeln vorzubeugen, welche aus dem Ärgernisse des Volkes hätten entstehen müssen (wäre offenkundig geworden, daß ein Priester sündiger Frauenlust nachgegeben). »Da ich meine Absicht auf keine andere Weise als durch Hinwegräumen der Eichstädter zu erreichen wußte, so räumte ich sie hinweg.« (Er stellte nun sein

Verbrechen solcherart dar, bloß ad maiorem Dei gloriam gemordet zu haben.)

Hinsichtlich der Riembauer angelasteten Vergiftung der Magdalena Frauenknecht und ihrer Mutter war wohl soviel gewiß, daß beide im Juni 1809 plötzlich erkrankten und nach einigen Tagen angeblich an Nervenfieber starben. Daß Riembauer keinen ordentlichen Arzt, sondern nur einen ganz unwissenden Quacksalber gerufen und der Magdalena Fr. selbst Arznei gereicht hat, ist ebenfalls gewiß.« Allein nähere Anzeichen einer Vergiftung konnten nicht erhoben werden« (die Exhumierung unter Zuziehung von Sachverständigen ergab, daß beide Personen höchstwahrscheinlich nicht an Gift, sondern – gemäß ihrer Krankengeschichte – »an dem Mangel an Pflege und Wartung, sowie hinreichender ärztlicher Hülfe, an ihren auf andere Art sich zugezogenen Krankheiten gestorben seien.« Riembauer selbst leugnete jede Schuld an dem Tode der Frauen. Dagegen bekannte er bereitwillig, bloß um dem Richter, wie er sich ausdrückt, einen Beweis seiner Aufrichtigkeit zu geben«, einige Abtreibungen, die seine verschiedenen Geliebten mit seiner Hilfe vorgenommen hätten, ebenfalls bekannte er Gedankensünden (er hatte verschiedentlich Personen den Tod gewünscht und dafür auch zu Gott gebetet). »Unter allen den Inquisiten entweder nur angeschuldigten, oder von ihm selbst bekannten strafbaren Handlungen«, heißt es, »blieb allein der zu Lauterbach begangene Mord an Anna Maria Eichstädter als Hauptgegenstand richterlicher Entscheidung übrig.«

Riembauers Akt, ins Voluminöse angeschwollen, schwoll weiter und erregte die Öffentlichkeit, aber auch manchen Juristen – das viele vergilbte Papier abzuschreiben, scheint für die heutigen Leser, die die Umständlichkeit damaliger Prozeßführung überfordern würde, unnötig. Feuerbach stellt fest, daß »die ordentliche Strafe in dem gegenwärtigen Falle, nach dem Gesetz, sowohl des gemeinen, als des älteren und neueren baierischen Rechts, die Todesstrafe« (sei):

P. G. O. Art, 137
Cod. jur. Bav. crim. P. I. c. 3. §. 1.
Strafgesetzb. Thl. I. Art. 146

Nach Aufzählung verschiedener Punkte, die dies erhärten, kommt er jedoch unter V zum Strafgesetzb. Art. 269. § 2 der
... »zum vollen Beweise des Thatbestandes durch eignes Bekenntniß (verlangt), daß der Angeschuldigte entweder schon sonst als Verbrecher berüchtigt, oder vermöge besonderer

hinreichend erwiesener Umstände als eine Person zu betrachten sei, zu welcher man sich des eingestandenen Verbrechens wohl versehen kann.« Der Reformer Anselm von Feuerbach setzt sich mit diesem § 2 auseinander: »Der Gesetzgeber öffnet durch diese, wie uns scheint, ganz überflüssige und unpassende Bestimmung, ein weites Thor zur Rettung einer Menge von Verbrechern, die, sobald ihre Vorsicht oder das Glück ihre geheime That dem Zeugnisse anderer und deren Spuren, wenn auch nur zum Theile, einem künftigen Augenscheine entrückt hat, ihre ganze That in der sichern Erwartung eingestehen dürfen, daß sie nun wenigstens der gesetzlichen Strafe entgehen werden. Denn bei sehr vielen, die sogar in die schwersten Verbrechen verfallen, zeigt weder ihr früheres Leben, noch ihr Benehmen unter den Augen des Untersuchungsrichters, daß sie vermöge ihrer Grundsätze . . . dieses Verbrechens fähig seien. Wie Mancher begeht die gröbsten Missetaten, bei welchem alle, die ihn von jeher kannten, selbst die Richter . . . befremdet sagen müssen: wer hätte das von diesem erwartet? . . . Und was hat der sittliche Charakter des Thäters mit dem Thatbestande zu thun?

Zwar gehört Riembauer nicht zu den Personen, welche als Verbrecher . . . bereits berüchtigt sind. Riembauer galt vielmehr vor aller Welt als ein frommer Geistlicher: seine Laster wurden durch eigene Heuchelei und List ... und von Anderen mit dem Mantel christlicher und amtsbrüderlicher Liebe zugedeckt ... Dieser Riembauer erscheint ... als ein Lasterhafter im Priesterrocke, der seine innere Unwürdigkeit und die Unsittlichkeit seines Treibens hinter dem einstudierten Betrug erlogener Frömmigkeit und Tugend verbirgt ... und seine Religion zur Heilung oder Beschönigung alles desjenigen gebraucht, was eben die Religion verdammt ... Der Scheinheilige aus bloßer Weltklugheit (um z. B. vor den Heiligen dieser Welt Ruhe zu haben), ist zwar als Heuchler immer verwerflich, aber doch ... nicht geradezu unverträglich. Ganz anders ist diejenige Art der Scheinheiligkeit, welche hier in unserem Mordpriester dargestellt ... Unseres Dafürhaltens hat dieser Verbrecher von Rechtswegen die Todesstrafe verdient.«

Es wurde jedoch in erster Instanz am 4. April 1818 erkannt:

»daß Franz Sales Riembauer des Mordes schuldig und mit Festungsstrafe zweiten Grades auf unbestimmte Zeit zu bestrafen sei.«

Durch verschiedene Umstände änderte die II.

Instanz am 1. August 1818 »schärfend die zuerkannte Strafe« auf Festung 1. Grades.

Daß ein Mörder milder bestraft wird, weil er nach seinem Vorleben eigentlich kein Mörder sein kann, mag im Biedermeier – insbesonders im Fall »Tartüffe als Mörder«, wie Riembauer genannt wurde – die Leute empört haben. Wir Heutigen sind an die Ungleichheit des Menschen vor dem blinden Auge Justitias schon so gewöhnt, daß die Frage, ob der bairische § 2, über den sich Feuerbach entrüstete, heutiger Rechtssprechung, bei uns oder anderswo, irgendwie nahekommt, wahrscheinlich nur Juristen auf den Plan lockt. Der einfache Bürger und die Bürgerin sehen hinter komplizierten Rechtsfällen ein weites, undurchschaubares Netz, in dem sich der (die) EINFACHE unrettbar verstrickt, während GESCHEITEREN unerforschbare Gnadensonnen leuchten.

Bonapartes blonder Page

Am 15. Oktober 1785 brachte die Frau des Schichtmeisters Josef Kraus eine Tochter zur Welt: ein nicht sehr freudiges Ereignis, war es doch bereits das 12. Kind, und die 11, die es zu ernähren und kleiden galt, stellten den Vater längst vor die mörderische Aufgabe, noch mehr arbeiten zu müssen – in den Quecksilbergruben von Idria, im einstigen Krain, wo kaum ein Arbeiter älter als 40 wurde. Doch nun war das 12. eben da und wohlgeraten, und wie es sich gehörte, gab's eine feierliche Taufe. Liebevoll gaben die Eltern, die sonst wenig geben konnten, dem Mädchen fünf klingende Vornamen, wie sie im Taufregister von Idria unter folgender Eintragung zu finden sind:

»Eva Lucia Cäcilia Victoria Emilia, eheliche Tochter des Herrn Josef Kraus, Schichtmeister, und seiner Frau Rosalia, geb. Schlieber.«

Es ist müßig, Spekulationen darüber anzustellen, was wohl aus Eva geworden wäre – sie wuchs zu einem bildhübschen Mädchen heran –, wären ihre 11 Geschwister schon vor ihrem 10. Lebensjahr gestorben. Denn damals überließ die verzweifelte Mutter das schöne Kind einem Bewerber um 73 Dukaten, worüber sie dann später viele Tränen vergoß, denn die anderen elf Kinder starben.

Es blieb der Witwe Kraus nur eine nach Eva geborene Tochter, weniger hübsch als das blondlockige »Engelsgesicht«, das in Wien zur jungen Dame heranwuchs – doch greifen wir den Ereignissen nicht vor: wie kam's zum Dukatenhandel mit dem k. k. Kriegskommissär (und Artillerieoffizier) Philipp von Mainoni, 1792 auf der Durchreise in Idria, wo er sich an Eva entzückte, und 1795, als er das Geschäft tätigte?
Vater Kraus, anno 92 noch am Leben, hörte sich das Anerbieten des etwa »30jährigen Offiziers, an dem eine bleiche Hautfarbe auffiel«, an, wie es heißt, und das dahin ging, dem Kinde eine Erziehung zu geben, die den Eltern nicht möglich war. Und lehnte ab. Mainoni ließ seine Visitkarte zurück und reiste ab. Als dann Vater Kraus nach langer Krankheit, die die Familie in Schulden stürzte, starb, war das Elend so unerträglich, daß die Mutter sich des Offiziers erinnerte und ihm ein Brieflein schrieb. Nur drei Wochen später fuhr eine elegante Kutsche vor und für 73 Dukaten ging das Mädchen Eva in die Erziehungsgewalt des Offiziers mit der bleichen Hautfarbe über.

Die Lebensgeschichte der Bergarbeiterstochter aus Idria hat so manchen Biographen früherer Tage veranlaßt, ein Gemisch aus Dichtung und

Wahrheit herzustellen, das, aus männlicher Sicht, mit verständnislosem Bedauern die Leichtfertigkeit einer schönen Frau bekrittelt, die »ihr Kapital« (Jugend und Schönheit als einzige Gradmesser der Weiblichkeit) nicht »mit Köpfchen« verzinste. Ihr lag ein Kaiser zu Füßen, sie verfügte über hohe Geldsummen, sie konnte sich's »nach Napoleon« noch immer aussuchen, im Biedermeier, wo ernsthafte Männer auch Frauen mit weniger glanzvoller Vergangenheit eheliche Solidität gaben, sofern die Vergangenheit sich in Geld oder Liegenschaften umgesetzt hatte. Die Schädigungen, die Frauen erlitten, die nicht robust genug waren, ihre Weiblichkeit einzig als Ware zu Höchstpreisen anzubieten, sind offensichtlich weniger interessant, und so hat sich auch noch kein Biograph der Eva Kraus, späterer »Freiin von Wolfsberg«, den Kopf darüber zerbrochen (und Evas Tagebuch-Aufzeichnungen desinteressiert übersehen), wie's zuging mit Eva, dem blondlockigen »Engelsgesicht«, als der bleichgesichtige Philipp von Mainoni sie ihrer Mutter abkaufte, um ihr in Wien eine sorgfältige Erziehung angedeihen zu lassen.
Ein bekannter akademisch graduierter Chronist (Waldegg) schreibt wohl fein-ironisch: »Es war eine junge, entzückende Frucht, die sich der Herr Kommissär (für 73 Dukaten) zu Gemüte

führte.« Und weiter: »Doch die Zeiten wurden auch für ihn (Mainoni) schwerer. Um sich bei dem neuen Machthaber in Schönbrunn eine gute Position zu sichern, verschacherte Mainoni seine Geliebte an Napoleon, und er tat es nicht umsonst.« Waldegg ist immerhin nicht so verlogen, aus Mainoni das gütige *Papale* zu machen, das wachsam die Bewerber um's Töchterl verscheucht, weil er's zu Höherem auserkoren hat (wie andere Chronisten sein Geschäft mit Napoleon romantisieren). Doch wie Eva, 10jährig Mainoni ausgeliefert, erstmalig das Phänomen Mann erlebt, das ihr gleichermaßen Entsetzen und Heiterkeit verursacht, enthüllen Tagebuchaufzeichnungen (in heutige Schreibweise transponiert): »Mein Papa hat mich mit seinem weißen Gesicht erschreckt, aber weil er mich SO gekitzelt hat, ist sein Gesicht rot geworden, und da habe ich lachen müssen. Es hat mir auch ein Gefühl gegeben, das Kitzeln – aber dann hat er mir den WURM gezeigt, der so bleich war wie vordem sein Gesicht, und der Wurm hat sich nie aufgestellt, wie ich später verstanden habe, war das Papas Problem, aber er hat mir lang einreden können, daß ich schuld bin, daß sich sein Wurm nicht aufgestellt hat, er hat das allen Frauen in seinem Leben eingeredet, und sie haben es geglaubt, wie ich.«

Nach Eva versuchte Papa Philipp sein sexuelles

Glück auch auf andere Art: er schaffte junge Mädchen herbei, die er jeweils in eine dunkle, leere Kammer führte, in der sonst nichts als ein Holzpflock stand. Düsteres Licht von oben erleuchtete spärlich den kahlen Raum. Dem Mädchen wurde aufgetragen, den Kopf auf den Holzpflock zu legen. Dann trat Papa ein und schwang ein Schwert, mit dem er sich dem Holzpflock näherte. »Jetzt stirbst du«, sagte Papa, worauf die Mädchen zumeist aufschrien und in die Ecke rannten. Es gab auch solche, die schreckgelähmt auf dem Holzpflock verblieben. Die waren Papa lieber. Er fuchtelte mit dem Schwert über ihren Hälsen und ging dann selber in die Ecke und stöhnte. War da Papas Wurm zufrieden?«

Anno 1805 hatte Napoleon Wien kampflos eingenommen. Wie die Chronik berichtet, wurden die Abteilungschefs der verschiedenen Ministerien – vor allem des »Hofkriegsrates« – nach Schönbrunn befohlen, um vorgestellt zu werden.

Auch Papa Mainoni kam – und er nahm Eva mit. Von Papa und seinen Sexualproblemen ebenso gelangweilt wie frustriert, war die nunmehr 20jährige Eva zu einer Schönheit herangeblüht, von der die Chronik berichtet: »Sie wirkte in ihrer ausgesucht einfachen Toilette –

ein schwarzes, hochgeschlossenes Kleid, das eng ihre Formen umspannte und zum golddunkelnden Haar in reizvollem Kontrast stand – bezaubernd.« Napoleon, der es liebte, andere auf sich warten zu lassen, erschien mit einstündiger Verspätung. Er nahm die Vorstellungsparade mit gnädigem Kopfnicken ab, hin und wieder knappe, nichtssagende Worte wechselnd. Doch als er an dem bleichen Mainoni vorüberging, fiel sein Blick auf Eva. Wie es heißt, verweilte dieser Blick »wie gebannt auf der Erscheinung«: der Kaiser der Franzosen und König von Italien blieb stehen.
Blonde Frauen, obendrein hochgewachsen, gefielen dem kleingewachsenen Korsen bekanntlich besonders gut. Er wechselte nun huldvoll persönlichere Worte mit dem sich als Vater der Schönen präsentierenden Mainoni, während Eva in tiefem Knix versank und errötete, wie es sich für eine wohlerzogene junge Dame gehörte, auf die der kurzsichtige Blick des Siegers von Austerlitz gefallen war. Der Wortwechsel der beiden Herren brachte völlige Übereinstimmung: Mainoni nahm dankbar die Einladung an, abends mit seiner Tochter wiederzukommen. Daß Eva dann allein im verhängten Wagen saß, der sie nach Schönbrunn hinausfuhr, ist wohl nicht verwunderlich, insbesondere da in Papachens Tasche eine Anweisung an Napole-

ons Kriegskasse ruhte, die eine vierstellige Zahl zeigte.

Eva – als wohlerzogene Demoiselle parlierte sie fließend – stand dem Kaiser der Franzosen in den Prunkgemächern Maria Theresias gegenüber, und Napoleon, obzwar guter Laune, hatte, wie immer, wenig Zeit – bekanntlich umwarb er die jeweils Auserwählte mit dem originellen Satz: »Deshabillez vous«!, wozu er mitunter auch die persönliche Anrede »Madame« gesellte. Mehr Konversation schätzte er nicht. Eva widersetzte sich dem »deshabillezvous« und erklärte Napoleon, daß ihr Religion und Sitte verbiete, einem Mann anzugehören, ohne mit ihm verheiratet zu sein. Napoleon soll zuerst über die Zumutung, sie zu heiraten, verblüfft gewesen sein, dann verärgert, der Trauring-Kandidatin – wie jeder Ehemann in solcher Situation – bedeutend, er habe ja schon eine Gemahlin! Doch, wie so manche Trauring-Kandidatin, scherte auch Eva dieser Hinweis nicht: was war schon eine Ehe angesichts der wahren, echten, großen Liebe! Aber Napoleon zeigte Sinn für Humor und setzte eine seltsame Komödie in Szene: er ließ Palmen aus dem Palmenhaus herbeischaffen, seinen Kammerdiener Constant als Geistlichen verkleiden und den Marquis de Monthalon als Zeugen kommen (letzteres wird von manchen Historikern bestritten). Die »Trauung« in der Schloßkapelle ging rasch vor sich, und »Napolione«, wie er sich in zärtlichen Stunden nennen ließ, hat Eva Kraus vielleicht doch ganz glücklich gemacht, denn sie blieb ab dieser Dezembernacht 1805 lange Jahre und oft unter den gefährlichsten Umständen an seiner Seite.

Am 28. Dezember 1805 verließ Napoleon Wien und begab sich nach München, wo er seinen Verbündeten Maximilian Josef zum König von Bayern proklamierte. Sodann gab's eine Hochzeit: Eugen Beauharnais, der Sohn der Kaiserin Josephine, wurde mit der bayrischen Prinzessin Auguste verheiratet. Josephine kam selbstverständlich aus Paris angereist, um bei der Trauung ihres Sohnes anwesend zu sein. Da sie sehr eifersüchtig auf Napoleon war, mußte Eva vor ihr versteckt werden: so wurde sie zum »Pagen Felix«, einem schmucken blonden Edelknaben im Gefolge des Kaisers, der sogar der Kaiserin gefiel, ohne daß sie jemals ahnte, wie behende sich der Knabe im trauten Alleinsein mit ihrem Mann in ein Mädchen verwandelte. Als das kaiserliche Paar Ende Jänner 1806 nach Paris zurückkehrte, reiste der blonde Page Felix mit und wurde offiziell Napoleons »Adjutant«, der ihn im Juni desselben Jahres ins Feld gegen

Preußen begleitete. Felix ritt in der Schlacht bei Jena an Napoleons Seite, begleitete ihn beim Einzug in Berlin, siegte bei Eylau und Friedland sowie in Spanien mit ihm und schien sein Schutzgeist zu sein, heißt es doch, Napoleon hätte auch den dichtesten Kugelregen nicht gescheut, wußte er seinen blonden Pagen in der Nähe.

1809 stand Napoleon wieder vor Wien, und diesmal gab es Widerstand, der ihn erstaunte: so kannte er die leichtlebigen, Schwierigkeiten am liebsten aus dem Weg gehenden Phäaken am Donaustrand nicht! Sein Ultimatum: Kapitulation binnen 24 Stunden oder totales Bombardement, wurde abgelehnt, so daß der wütende Napoleon in den Abendstunden des 11. Mai mit dem Bombardement beginnen ließ und Wien bis in die Morgenstunden des 12. Mai brannte. Dann wurde auf der Burg die weiße Fahne aufgezogen: Wien hatte sich Napoleon zum zweiten Mal ergeben.
Felix, in Adjutantenuniform neben sich, ritt der Kaiser nach Schönbrunn und nahm wieder die Prunkgemächer als Domizil, doch sollte er sich in den nächsten Monaten dort nicht so ausschließlich der Zweisamkeit mit Felix-Eva erfreuen. Denn unweit von Schönbrunn harrte in einer requirierten Villa eine andere Schönheit

auf seine Besuche: die Gräfin Maria Walewska aus Polen. Dieser vornehmen Dame mußte sogar der Bürgermeister von Wien, von Wohlleben, seine Aufwartung machen, und diese Dame genoß auch die Schicksalsgunst, vom Kaiser der Franzosen einen Sohn zu bekommen.

Am 11. Oktober hatte Wien seine Sensation: ein Attentat auf den Kaiser der Franzosen war verübt worden! Der Täter, ein Sachse namens Staps, konnte seiner Füsilierung sicher sein, doch Napoleon, in einer Anwandlung von Milde, an der Eva beteiligt gewesen sein soll, gab dem sächsischen Revolutionär eine Chance: er ließ ihn kommen und fragte ihn: »Was würdest du tun, wenn ich dich begnadige?«

»Es nochmal versuchen«, soll Staps erwidert haben.

Staps wurde am 23. Oktober 1809 in der Vorstadt Meidling füsiliert. Und Napoleon hatte genug von Wien. Zumindest von der herrschenden Situation! Ihm schwebte ein besserer Kontakt mit Österreich und dem Hause Habsburg vor, das, wie hinlänglich bekannt ist, politische Schwierigkeiten durch klug überlegte Eheschließungen aus der Welt zu schaffen pflegte. Der gute Kaiser Franz, der derzeit noch schmollte, war reich mit Kindern gesegnet, darunter die blonde, nicht sehr hübsche, aber blutjunge Marie-Louise, von der, bei der habsburgischen Fruchtbarkeit, ein Erbe für den Thron zu erwarten war, den Josephine ihrem Napolione und dem Thron schuldig geblieben war . . .

Zurückgekehrt nach Frankreich, geschieden von Josephine, wurde Napoleon wohl wieder einmal Vater eines Sohnes (seine Töchter hat keiner gezählt), doch so sehr ihm dieser Sohn, den Eva in Versailles zur Welt brachte, auch glich: einen Thronfolger konnte er nicht abgeben! Eine Eintragung in Evas Tagebuch, die erhalten blieb, setzt sich mit dem Phänomen Mann erneut auseinander. Eva fragt sich, warum einer, der Althergebrachtes revolutionär wegfegte und eine neue Ordnung schuf, zum Althergebrachten zurückkehrt? »Es muß eine Prinzessin sein«, schreibt sie, »die ihm den Thronfolger für ein Land schenkt, das er befreit hat: so verstrickt sich ein Befreier in alten Netzen.«
Ihr Sohn, auf den Namen Eugen getauft, wurde auf Napoleons Wunsch nach Wien verbracht. Papa Mainoni fand adelige Adoptiveltern für ihn. (Er wurde ein in Wien bekannter Rechtsanwalt, schließlich Parlamentarier im österreichischen Reichstag).

Napoleons Werbung um die 19jährige Tochter Franz II. wurde vom französischen Botschafter in Wien, Marschall Berthier, am 4. März 1810 mit einer Abordnung von Edelleuten auf das Feierlichste vorbereitet. Graf Lauriston überreichte zwei handgeschriebene Briefe Napoleons, einen an den Kaiser, den zweiten an die Erzherzogin Marie-Louise. Graf Anatole de Montesquion überreichte die Verlobungsgeschenke: ein mit 16 großen Diamanten geschmücktes Bild Napoleons, Wert 600 000 Franken, eine Perlenkette, Wert 900 000 Franken, ein paar brillantbesetzte Ohrgehänge, Wert 400 000 Franken.

»Zum Wohle des Vaterlandes«, wie es hieß, nahm Marie-Louise die Werbung Napoleons an und schon eine Woche später, am 11. März 1810, fand die Trauung in der Augustinerkirche statt. Erzherzog Karl, der Sieger von Aspern, vertrat seinen einstigen Gegner als Bräutigam. Am 13. März – für Wien offenbar häufig ein bedeutsames Datum – begab sich die künftige Kaiserin von Frankreich auf die Reise. Napoleon bereitete ihr allerlei kostspielige Freuden, so ließ er beispielsweise um eine halbe Million ein Badezimmer in den Tullerien einrichten, das ihre berühmt zierlichen Füßchen in brillantbesetzten Pantöffelchen betraten, er häufte kostbare Kleider und Schmuck: die Ausstattung soll über 5 Millionen Franken erfordert haben. Die Hochzeitsfeier am 2. 4. 1810 in der Kirche von Saint-Cloud, brachte ganz Paris auf die Beine. Doch ein knappes Jahr später, am 20. März 1811, gerieten die Pariser in einen Freudentaumel, der alles Bisherige in den Schatten stellte: dem Kaiser war ein Sohn geboren worden! 101 Schüsse donnerten über die Basteien und Wälle, Raketen stiegen zum Himmel, fremde Menschen umarmten einander und weinten vor Rührung. Napoleons Sohn wurde auf die Namen Napoleon Franz Carl Joseph getauft, gleichzeitig erhielt er den Titel »König von Rom.« Seine Babywäsche allein kostete 300 000 Franken, seine Wiege, 280 kg reines Gold, eine halbe Million. Bei allem Freudentaumel, der von Paris aus Europa erfaßte, gab's aber Gerüchte über Unruhen dort und da, die nicht verstummten: Napoleons Schicksalsjahr 1812 warf seinen Schatten voraus.

Eva Kraus, die noch immer versteckt in Versailles lebte, hatte auf Napoleons Wunsch ihren Sohn weggegeben: wie ihr zumute war, als sein anderer Sohn in der goldenen Wiege solcher Ehrungen teilhaftig wurde, wissen wir nicht. Von ihrem heimlichen »Gemahl« hörte sie längere Zeit nichts, ihr ging es wie der Gräfin Walewska, um die sich Napoleon auch nicht mehr scherte oder Josephine Beauharnais oder Madame Tallien oder oder ... Immerhin besaß Napoleon soviel Lebensart, daß er die Frauen, die er verließ, finanziell absicherte. So wurde Eva eines Tages mitgeteilt, daß für sie bei der Bank von England 430 000 Gulden deponiert worden wären, deren Zinsen ihr zuflossen. Die Verwaltung dieses Vermögens legte Napoleon in die Hand ihres Pflegevaters Mainoni: eine Usance der Zeit, der die Auffassung zugrunde lag, Frauen wären unfähig, mit Geld umzugehen, so daß Kapitalien, die Töchtern zustanden, aus der Verfügung des Vaters in die Verfügung des Ehemannes übergingen. Papa Mainoni, indessen für seine »Leistungen« zum Hofrat und Hofkriegsrat befördert, sollte nun verwalten, bis Eva heiratete, und dieser künftige Verwalter konnte aus Adelskreisen stammen, denn Napoleon fügte zum Vermögen auch einen Titel: er erhob Eva in den Adelsstand, sie durfte sich »Freiin von Wolfsperg« nennen!

Eva, Freiin von Wolfsperg, fuhr nach Wien, um die Vermögensfrage zu besprechen, gefiel es ihr doch nicht so recht, daß ihr dubioses *Papale* ihre Finanzen verwaltete: sie wollte das selber tun. Papa Hofrat lachte sie aus. Er war indessen noch bleicher und auch älter geworden, und er war endlich auf sein Problem gekommen: er kam mit Mädchen deshalb nie zurecht, weil er

Knaben zugetan war! Diese Neigung kostete ihn schlaflose Nächte, da er es nicht wagte, ihr nachzugeben, drohten doch Kerker und Ächtung, und so war er wieder bei den Mädchen, jetzt bei noch jüngeren, gelandet: wenn sie ganz unreif waren, glichen sie halbwegs Knaben! Eva, befürchtend, ihr Vermögen würde bei Papas komplizierter Erotik Einbußen erleiden, kehrte nach Paris zurück und hoffte, mit Napoleon ein Gespräch über die Vermögensfrage führen zu können. Das Jahr 1812 begann, und damit einer der schrecklichsten Kriege der Epoche – und Eva war als »Page Felix« wieder an Napoleons Seite . . .

Die Schreckenstage im brennenden Moskau oder der Rückzug über die Beresina dürften Vermögensangelegenheiten unbedeutend erscheinen gelassen haben, und die Frage, warum eine Frau wie Eva überhaupt Gefallen am Krieg (von einem Mann »Vater aller Dinge« genannt) fand, dürfte manchen Leser schon eine Weile beschäftigen. Eva, Heutigen ein Rätsel, weil sie die Frauensituation der Epoche nicht nachempfinden können, war jedoch nur eine von vielen »Amazonen«, die an den weiblichen Möglichkeiten ihrer Zeit: Männern zu gefallen, die beste Partie zu machen, keinen Geschmack fanden: sie emanzipierten sich, zogen Uniformen an wie

die Männer und zogen in den Krieg, wie Männer, sie wurden »Heldenmädchen«, weil ihnen die häusliche Enge oder die Salongeplänkel trostlos schienen.
So mag es sein, daß Eva Kraus durch »Papa« Mainoni und »Gemahl« Napoleon solche Frustration erlitt, daß sie im Krieg und seinen Bewährungsmöglichkeiten fand, was ihr das Leben als Tochter und später als Frau verwehrte. Und so blieb sie an Napoleons Seite, bis er, geschlagen, nach Frankreich zurückkehrte, und zu Neujahr 1814 die Verbündeten den Rhein überschritten und nach Paris vordrangen, das am 30. März genommen wurde.
Wie bekannt, dankte Napoleon am 6. April 1814 ab: er hatte alles verloren: sein Reich, seine Frau und seinen Sohn. Er verlor auch Eva, die nach Wien zurückkehrte. Sie war 29 Jahre alt, ihr in London deponiertes Vermögen brachte ihr jährlich 24 000 Gulden ein. Das war genug, um standesgemäß leben zu können.
Napoleons Rückkehr von Elba bedeutete für die Freiin von Wolfsperg, die in Wien ein elegantes Haus gemietet hatte, kein Problem: ihre »Eheschließung« in der Schönbrunner Schloßkapelle verpflichtete sie zu nichts.

Zum Jahresende 1815 entschied sich die Freiin von Wolfsperg, unter ihren vielen Verehrern

dem Wiener Hof- und Gerichtsadvokaten Dr. Johann Michael Schönbauer den Vorzug zu geben. Schönbauer war ein Mann in den besten Jahren und in besten Verhältnissen. Es wurde eine prächtige Hochzeit gefeiert.
Doch Schönbauer, Jahrgang 1768 (wie Napoleon), war von arger Eifersucht geplagt, auf die »Vergangenheit« seiner schönen Frau ebenso, wie auf ihre gegenwärtige Attraktion, denn wo die beiden hinkamen, war Eva von Bewunderern umlagert. Er quälte sie fünf Jahre lang mit seiner Eifersucht, dann ließ sie sich scheiden. Dr. Schönbauer kündigte gramvoll seinen baldigen Tod an, lebte aber bis in seine hohen siebziger Jahre, Eva überdauernd . . .

Nach Napoleons Tod, 1821, reduzierte Papa Mainoni Evas »Apanage« aus den Zinsen des in England deponierten Vermögens von 24000 Gulden jährlich auf 9000 Gulden. Eva fuhr nach Wien und stellte Mainoni zur Rede. Mit väterlicher Geduld setzte Mainoni ihr auseinander, daß schöne Töchter in ihrer sorgfältigen Erziehung den Umgang mit so trivialen Dingen wie Geld nicht erlernen, sondern auch Frauen unzumutbar wäre, und als Eva wütend Einspruch erhob, fragte Mainoni, wie sie ihre Einkünfte wohl verwalte? Eva erwiderte, ihr Geld liege in einer Kassette, und wer Einkäufe besorge, ob

Köchin, Diener, entnähme das Nötige. Mainoni warf ihr nun äußerste Leichtfertigkeit vor, die ihn berechtige, ihre Apanage zu vermindern, um für sie zu sparen, und er forderte sie auf, ab jetzt ihre Ausgaben sorgfältig aufzuschreiben! Da Eva bezweifelte, dazu imstande zu sein, riet Mainoni ihr, ihre alte Mutter aus Idria kommen zu lassen: die wisse mit Geld umzugehen. Eva befolgte den Rat, doch Mutter Kraus kannte sich nur in kleiner Münze aus und so verblieb die Verwaltung in Mainonis Vaterhand – dem Zugriff des Advokaten Schönbauer seinerzeit klugerweise vorenthalten –, und Eva reiste mit ihrer Mutter nach Bregenz, um ein neues Leben zu beginnen.

Eva, die bisher immer nur mit weitaus älteren Männern zu tun gehabt hatte – auch eine Liaison am Bodensee erlebte sie mit einem Herrn in den besten Jahren –, kam nun in das Alter, da eine Frau die Fragwürdigkeit der reifen Mannesjahre erkennt, und ihr noch immer schöner blonder Kopf begann sich nach jungen Männern umzudrehen. Aus einer Reisebekanntschaft in der Extrapost von Bregenz nach Innsbruck entwickelte sich eine Romanze: der gutgewachsene und elegant gekleidete Mann war knappe 23 Jahre alt, und Eva erfuhr zum erstenmal die Leidenschaft der Jugend. Leider endete die Romanze trivial, da der feurige Liebhaber in finanziellen Schwierigkeiten steckte und sich nicht mehr blicken ließ, nachdem ihm Eva großzügig ausgeholfen hatte. Eva, nunmehr fast 40, fand jedoch bald ein neues, junges Glück: der Bregenzer Arzt Dr. Vinzenz Brauner, 24 Jahre alt und so attraktiv, daß seine Patientinnen, wie es heißt »keynen Schmertz verspürten, wenn er ihnen nur tieff genug ins Auge schaute«, wurde ihr Gefährte.

Evas Mutter, entsetzt über diese Schamlosigkeit ihrer Tochter, predigte vergeblich, änderte aber ihre Meinung, als Dr. Brauner sie anläßlich einer Lungenentzündung vorbildlich betreute.

Sie starb mit Segenswünschen für das Paar und dem Wunsche, daß Eva den »Mann mit den goldenen Händen« baldigst heiraten möge. Das wollten die beiden jedoch nicht, sie zogen es vor, in »freier Verbindung« miteinander zu leben, worüber sich die auf Anstand erpochten Bregenzer, insbesonders die Patientinnen des schönen Doktors, entrüsteten, so daß das Paar eine Übersiedlung beschloß.

Dank Evas Geld und Geschicklichkeit, dieses richtig einzusetzen, wurde Dr. Brauner Kreiswundarzt in Salzburg, welcher Posten ihm viel Arbeit und wenig Einnahmen bescherte, doch Evas »Apanage« reichte für beide, auch für den Ankauf einiger Objekte. So erwarb »Emilia Victoria«, wie die Salzburger Chronik sie nennt, »Freiin von Wolfsperg anno 1826 zwei Häuser in der Dreifaltigkeitsstraße«, 1831 den Rauchenbichlerhof in Gnigl, wie spätere Eintragungen vermelden. Der Grund, in Schallmoos-Gnigl das weitläufige Rauchenbichlgut um 10000 Gulden zu kaufen und luxuriös zu adaptieren, lag an einer Neigung Evas – oder Emilias – wie sie nun hieß –, die sie bisher in Grenzen gehalten hatte: sie liebte Tiere. Bald etablierte sie im Rauchenbichlerhof einen Privat-Tiergarten, den die Salzburger »Emmis Arche Noah« nannten. Da gab es Dutzende von Hunden aller Rassen und Mischungen, Affen, Pfaue, Pferde, Schafe, Maultiere – kostbare Papageien und exotische Singvögel flogen durch die Räume, wo Katzen und Affen auf seidenen Polstern ruhten oder herumsprangen, und die Hunde, die Emilia am meisten liebte, speisten auf silbernen Tellern – wie die Salzburger zu berichten wußten.

Daß »die Baronin«, wie Emilia genannt wurde, nie in die Kirche ging, war ebenfalls ein Ärgernis, um so verwerflicher, da sie mit dem Arzt in »wilder Ehe« lebte.

Es war deshalb nicht verwunderlich, daß Dr. Brauner anno 1832 seines Postens als Kreiswundarzt enthoben wurde, wobei ihm diskret mitgeteilt wurde, dies sei eine vorläufige Maßnahme. Ja, wenn er und die Baronin durch eine

Eheschließung dem öffentlichen Ärgernis ein Ende setzten, würde ... Die Baronin schäumte, überlegte sich aber die Sache. Da trat ein Ereignis ein, das alle Probleme in den Schatten stellte: Papa Mainoni beging Selbstmord! Er hatte viele Jahre lang mit Napoleons Schenkung Börsengeschäfte gemacht, gewonnen, verloren, wieder gewonnen, bei einem Bankkrach aber zuletzt alles verloren, so daß er sich an einem Septembertag aus dem Fenster seiner Wohnung stürzte und tot auf der Straße liegen blieb. Emilia fuhr per Extrapost nach Wien.
Es war aber nichts mehr da: Papa, der gute Rechner, hatte auch den Schmuck durchgebracht, der ihm von Napoleon als »eiserne Reserve« für den Pagen Felix anvertraut worden war.

Dr. Brauner, nunmehr Privatarzt – den Kreiswundarzt hätte er sich nicht leisten können, da es keine »Apanage« mehr gab, womit auch das Heiraten kein Diskussionsthema mehr war –, hatte bescheidene Einkünfte, die, bei sparsamer Lebensführung, für beide gereicht hätten. Doch »Emmis Arche Noah« war in der Erhaltung teuer, und die Baronin leistete sich auch Extratouren, die die Salzburger mit Erheiterung, aber auch Groll erfüllten: So liebte sie es, mit zweien ihrer Hunde-Favoriten nach Kleßheim zu spa-

zieren und dort in einem renommierten Gasthof einzukehren. Vom Wirt beraten, der vermeinte, die Baronin erwarte den Doktor, bestellte sie Kalbs- und Schweinsbraten mit Beilagen – um beides ihren Hunden vorzusetzen! Die Hunde sollen vor ihren Braten auf Porzellantellern mit Anzeichen des Verdrusses gesessen sein – die Salzburger kommentierten: »Porzellan ist eben nicht Silber, wie bei Emmi serviert wird.« Und Emilias Gepflogenheit, jedem Hund, der verstarb, im Garten ein Grabmal zu setzen, wurde mit ebensolchem Ärger kommentiert.
Dr. Brauner, allseits bedauert, ertrug die Schrullen seiner Gefährtin und die ständige Ebbe in der Kassa liebevoll – mochten auch Exekutoren im Rauchenbichlerhof einziehen. Doch erkrankte er anno 1838 – es soll sich um eine Blutvergiftung gehandelt haben – und mußte ins St. Johanns-Spital verbracht werden, wo er am 23. Dezember verstarb.

Zu dieser Zeit war Marie-Louise längst nicht mehr Gräfin Neipperg bzw. Montenuovo, sondern »Gräfin Bombelles«, hatte die »doppelte Witwe« doch 1834 dem Grafen Bombelles ihr Jawort gegeben. War es die Verbundenheit über Napoleon, die die Freiin von Wolfsperg ein Gnadengesuch an Marie-Louise richten hieß?

Emilia schrieb von ihrer Verzweiflung und ihrer Not: Frankreichs Exkaiserin ließ ihr daraufhin 200 Gulden überweisen, und es mag auch sein, daß die kaiserliche Gnadenpension von 200 Gulden jährlich, die Emilia nun beziehen durfte, auf Marie-Louises Fürsprache hin erfolgte. 200 Gulden jährlich reichte zu dieser Zeit für eine vielköpfige Familie. Doch nicht für Emilia und ihre Tiere, von denen sie sich nicht trennen konnte, sie, die bald nur mehr »die Hundsgräfin« hieß und die Versteigerung des Rauchenbichlerhofes, der gänzlich verwahrlost war, ertragen mußte . . .
In den Vierziger Jahren des vorigen Jahrhunderts war eine in Lumpen gehüllte Frau »von hexenartigem Aussehen«, hinter der ständig Hunde herliefen, stadtbekannt, doch ihr Tod am 15. April 1845 erschütterte niemanden. Auch nicht Herrn Eugen Megerle von Mühlfeld, Rechtsanwalt und später Politiker, der Napoleon Bonaparte »wie aus dem Gesicht gerissen« ähnelte, und der wohl nie nach Gnigl gefahren ist, wo zwischen den Gräbern der Bäuerin Maria Zellbeck und des Tischlermeisters Damian das Grab der »Hundsgräfin« liegt, von der noch heute eine Tafel kündet.

Das Harfenzwergl

Franz Xaver Schratzlhuber, im Kongreßjahr 1815 30 Jahre alt geworden, hatte mehrere Namen. Die ihn mochten, nannten ihn Xaverl, die anderen »Harfenzwergl«, was eigentlich eine Abkürzung war, denn die komplette Benennung lautete: »der rote Harfenzwerg vom Ratzenstadl«. Das kam teils von Xaverls Erscheinung – er war klein, bucklig und rothaarig –, teils von seiner Harfe, mit der er in den Höfen aufspielte – und zuletzt von seinem Wohnort am unteren Ende des Kaunitzbergls (im heutigen Mariahilf), wo er in einem verwinkelten Häuserkomplex eine Kammer bewohnte – dieser Häuserkomplex hieß »Ratzenstadl« und scheint als düsteres, unheimliches Gebäude mit entsprechenden Ereignissen häufig in alten Lokalchroniken auf. Daß man ihm auf den Buckel klopfte, weil dies Glück bringt, war der Xaverl gewöhnt, daß man ihn verspottete, auch, er lachte dazu und machte sogar G'stanzeln über sich: die waren so witzig, daß sie sein Publikum am meisten erheiterten. Denn spaßige G'stanzeln zur Harfe zu singen, war sein Beruf, und es gab keine Hochzeit, keine Festlichkeit ohne ihn. Mit seinem scharfen Witz brachte er alle zum Lachen; Höhepunkt, wenn er sich selber besang – da blieb kein Auge trocken, berichtete er etwa von seiner »schönen Gräfin«, die ihm täglich auf den Buckel klopfe und trotzdem ihr

Schloß und ihre Diamanten verliere, täglich einen, tralala, doch hutsche die Gräfin alljährlich ein Kind vom Xaverl, tralala, und alle Kinder hätten rote Haare und einen Buckel!
Ging der Xaver nach der Festlichkeit heim, die Harfe auf dem Buckel, war er nicht mehr lustig, und die Nandl, die mit ihm lebte, im Ratzenstadl, schwieg angesichts seiner todtraurigen Miene. Die Nandl, ein ehemaliges »Bademensch«, hatte die Syphilis überstanden, die zum Berufsrisiko des Badestubenpersonals gehörte, sie war erst 28, für anderes als Putzen und Waschen aber nicht mehr geeignet. Das besorgte sie nun für den Xaverl, der sie aufgenommen hatte, und den sie dafür liebte, er sie leider nicht, denn selbst »der rote Harfenzwerg vom Ratzenstadl« war ein Mann und als solcher einem abgetakelten Bade-Mensch turmhoch überlegen! So daß der Xaverl, wie die Nandl schmerzvoll wußte, seine wirklich schönen blauen Augen zu einer anderen erhoben hatte: zur »Grundler-Resi«, der 18jährigen Tochter der verwitweten Wirtin Barbara Grundler, die auf dem Kaunitzbergl das Wirtshaus ZUR GOLDENEN BLUNZEN betrieb.

Die Grundler-Wirtin, mit knapp 40 bereits in »hohen Frauenjahren«, führte ihren Betrieb wohl zufriedenstellend, und die Resi half nach

Kräften, aber ein Mann mußte trotzdem her, und dieser Mann hatte sich kürzlich gefunden: Ferdinand Köller, der 25jährige Sohn des Gärtners beim Fürsten Esterhazy, war aus dem Krieg zurückgekehrt, und da er beim alten Grundler das Wirtsgeschäft erlernt hatte, klopfte er bei der Witwe an, die ihn gerne aufnahm. Stramm, blond und tüchtig, wußte der Ferdl die Gäste der GOLDENEN BLUNZEN auch zu unterhalten, konnte er doch spannende Geschichten über die Völkerschlacht bei Leipzig und andere Kämpfe erzählen, bei denen er sich ausgezeichnet hatte! Ja, mit diesem wackeren Krieger plaudern zu dürfen, das gefiel den Gästen! Xaverl, der im Wirtshaus lieber aß als daheim bei der Nandl, mochte den Ferdl nicht sonderlich, und er konterte mit seinem Witz manche heroische Schilderung, wozu die Resi herzlich lachte, und, griff ein Gast das »Harfenzwergl« an, dieses gutmütig in Schutz nahm. Die Resi war überhaupt immer freundlich zum Xaverl, der ihr leid tat – eine verhängnisvolle Situation, wie jeder weiß, der je aus Mitleid einem anderen beistand ... So kam's, daß Xaverl sich überlegte: Die goldene Blunzen könnte ein erstklassiges Restaurant werden, mit der Resi als Nobelwirtin und ihm, dem Xaverl, als Unterhalter. Das gibt's in ganz Wien nicht, und was fehlt dazu? GELD! Wenn er genug zusammenbrachte, mußten Resi und ihre Mutter froh sein. War's denn nicht das Geld, das die Welt regierte? Nur genug davon vorweisen zu können – da zählte ein Buckel nicht mehr . . .

Xaverl wurde betriebsam. Er nützte den Kongreß und ließ sich auf noble Gesellschaften engagieren, er sammelte Gulden und wechselte sie auf Golddukaten ein. Er verwahrte seine Schätze in einem irdenen Suppentopf, den er – vermeintlich – vor der Nandl versteckte, die seine Betriebsamkeit schweigend zur Kenntnis nahm. Gegen das Jahresende 1815 hatte er 500 Golddukaten beisammen.
Das reichte, um die GOLDENE BLUNZEN auszubauen, und es schien auch an der Zeit. Denn der Köller-Ferdl mit seinen Schlachten bei Leipzig oder sonstwo war sichtlich hinter der Resi her! Xaverl entschloß sich zum Angriff. Er erstand einen eleganten Zylinder, zog den »Kongreß-Frack« an, den er sich für seine Auftritte bei noblen Gesellschaften angeschafft hatte, und er holte den Goldtopf aus dem Versteck (nachdem er die Nandl um ein Bier geschickt hatte). Er überband den Topf mit den 500 Dukaten mit dem bunten Halstuch, das er vor Jahren der Nandl gekauft hatte, und, die herrliche Last mit beiden Händen tragend, ging er vom Ratzenstadl das Kaunitzbergl hinauf zur BLUNZEN.

Die Resi war in der Speisekammer. Xaverl schloß die Türe hinter sich, stellte den Topf auf den Boden vor der Resi und fiel auf die Knie. Er hatte eine Ansprache studiert, aber er brachte sie nicht heraus. Er stammelte: »Resi – nimm'st mi?«

Resi sah das »Harfenzwergl« mit dem Zylinder auf den roten Haaren und sie mußte lachen. Sie hielt den Aufzug Xaverls und sein Gehaben für einen seiner Witze, doch war sie eine ehrsame junge Dame, und jeder Spaß hatte seine Grenzen. So sagte sie, ihre Heiterkeit bezwingend: »Xaverl, hör' auf. Solche Gspasetteln passen sich nicht für eine Braut.« Xaverl – ungläubig – starrte sie an. »Heut', zum Sylvester«, sagte Resi«, »wird meine Verlobung mit dem Ferdl g'feiert ...«

Xaverl begriff. Er sprang auf. Dann lachte er. Er lachte so heftig und laut, daß die Resi die Angst ankam. Aber der Xaverl, oh ja, der nahm sie ihr wieder! »Resi«, sagte er, »jetzt bist mir aufg'sessen. Ich hab' nur der erste sein wollen, dem'st die Neuigkeit erzählst!«

Und, lachend, nahm er seinen Goldtopf und ging.

Am Abend war die Goldene Blunzen gesteckt voll, und es herrschte bereits gegen neun Uhr beste Stimmung, insbesondere im Extrazimmer, wo sich die Stammgäste eingefunden hatten.

Gegen zehn verkündete die Wirtin die Verlobung ihrer Tochter mit Ferdl Köller, worauf ein allgemeines Gratulieren und Gläseranstoßen erfolgte, das Braut und Bräutigam mit der neuen Würde, die ihnen wohl anstand, dankend entgegennahmen. Auch Xaverl, der zur Harfe übermütige G'stanzeln sang, gratulierte und stellte seinen Topf, den er bisher unterm Tisch verborgen gehalten hatte, nunmehr mitten auf die Festtafel. Er klopfte mit einem Löffel auf einen Teller und hielt eine kleine Ansprache: »Herrschaften, paßt's auf! Infolge dieses hochwichtigen Ereignisses erlaubt sich der Xaverl Schratzlhuber dem edlen Brautpaar ein Geschenk zu spendieren.« Er zeigte auf den Topf. »Aber wie sich's gehört«, fuhr er fort, »muß ein kleiner Unterschied zwischen Mann und Frau bleiben –« schallendes Gelächter, das er wohl einkalkuliert hatte, unterbrach ihn, und die Resi senkte, errötend, ihre Blicke zu Boden. Xaverl schaute die verlegene Braut an: erinnerte er sich der Nandl, wenigstens einem Atemzug lang? Als er, vernichtet von Resis Mitteilung ihrer Verlobung, am späten Nachmittag heimgekommen war, hatte ihn die Nandl umarmt und geweint, und er hatte auch geweint. Dann hatte er sie weggestoßen und war auf einen Schnaps an der Ecke gegangen. Als er nach langer Zeit zurückgekehrt war, hockte die Nandl am Boden, mit gesenktem Blick. Daß ihre immer schmutziggrauen Finger noch schmutziger waren als sonst, fiel dem Xaver nicht auf, und daß ihr die Tränen hinunterliefen, beeindruckte ihn auch nicht. Als er, die Harfe am Rücken und den Topf in den Händen, wieder ging, rief ihm die Nandl etwas nach – was? Es war bedeutungslos, was ein unglücklicher Mensch einem anderen Unglücklichen nachrief, angesichts der glücklichen ANDEREN kam beim doppelten Unglück nichts heraus! Und so war der Xaverl zur BLUNZEN marschiert, den Goldtopf in den Händen, sein und Nandls Unglück im Rücken lassend und zu einer Lösung seiner Probleme auf das Schrecklichste entschlossen: voll Haß auf sich selber und mitleidlos seiner armseligen Gefährtin gegenüber ...

Xaverl, in seiner von schallendem Gelächter wegen des »kleinen Unterschieds« unterbrochenen Rede, fuhr fort: »Alsdann, Herrschaften, so teil' ich mein Geschenk auf, wie sich's für Mann und Frau gehört. Das Töpfl« – er wies auf den irdenen, mit dem bunten Tüchl zugebundenen Topf, »g'hört der zukünftigen Frau Resi Köller in die Wirtschaft, sie soll darin kochen nach Wirtinnenbrauch. Aber was DRIN is', spendier' ich als Hochzeitsgeschenk dem Bräutigam. Und jetzt Glück und Segen BEIDEN!«

Xaverl hatte seine Ansprache ernsthaft vorgebracht, trotzdem glaubten alle, es würde mit dem Topf noch Spaß geben. Großes Interesse an dem Topfinhalt plagte die Gäste der GOLDENEN BLUNZEN, doch Xaverl bedang sich aus, daß der Topf erst in der *ersten Stunde des neuen Jahres* geöffnet werden dürfte.
Als die Mitternachtsstunde nahte, bat Xaverl, die Prozedur des Lichtauslöschens und Wiederanzündens vornehmen zu dürfen. Und er versprach, launig, der Jugend im Publikum lange Zeit zu lassen, um »im Dunkeln zu munkeln, wie das junge Leut' so brauchen«.
Daß allgemein eine witzige Überraschung erwartet wurde, versteht sich von selbst.

Knapp vor 12 stieg Xaverl auf eine Leiter, die an den Querbalken der Decke gelehnt worden war. Er löschte die Lichter an dem großen Kerzenleuchter aus. Als die Uhr zur Jahreswende schlug, war es stockfinster: das Publikum flüsterte, kicherte und wartete – es blieb dunkel, und es geschah nichts.
»Xaverl«, schrie schließlich ein Gast, »bist eing'schlafen?« Allgemeines Lachen. Aber Xaverl schwieg.
Als Unruhe um sich griff, wurde Licht herbeigeholt, und nun ergriff Entsetzen die Sylvestergesellschaft, die zur Decke blickte: Neben dem

Luster baumelte Xaverl am Querbalken, an dem er sich erhängt hatte ...

Xaverl war tot, und das Fest endete mit Schrekken: Resi weinte in den Armen ihres Bräutigams, und die Gäste flohen. An den Topf dachte keiner.
Er wurde erst am nächsten Tag behördlich geöffnet. Es fanden sich in der oberen Lage etwa 40 Dukaten, darunter lagen Mauerbröckeln. Ob diese die schmutzigen Finger der Nandl hineinpraktizierten, nachdem der Xaverl mit ihr geweint hatte und sie erkennen mußte, daß er ihr endgültig verloren war? Oder hatte sie dem Xaverl schon längst Mauerbröckeln unterschoben, und er hatte es nicht bemerkt?
Da sich die Chronik mit einer Nebensächlichkeit wie dem Bademensch Nandl nicht weiter beschäftigt, wissen wir nur, daß der stramme Ferdl Köller die 40 Dukaten, die überm Mauerwerk lagen, als rechtmäßiges Eigentum zugesprochen erhielt: der Resi verblieb der Topf. Sie soll darin gute Sachen für die GOLDENE BLUNZEN zubereitet haben. 1817 bekam sie in der Neujahrsnacht eine Tochter, die zum schönsten Mädchen von Mariahilf heranblühte – und schließlich einen Harfenisten heiratete, mit dem sie eine der bekanntesten Wiener Wirtsfamilien begründete, die noch heute existiert.

Victor und Caroline

Graf Victor Hadik und Graf Carl Amadé waren Freunde von Jugend an. Ihre Schlösser in Ungarn lagen nahe nebeneinander. Eines Tages kamen sie überein, Söhne in die Welt zu setzen, um ihrer Freundschaft Fortbestand zu sichern. Es wurde eine Doppelhochzeit gefeiert, bei der die künftigen Väter bereits Trinksprüche auf das Wohl und die Freundschaft ihrer Söhne ausbrachten. Und tatsächlich kamen anno 1793 zwei hübsche Babies zur Welt. Graf Amadé gab seinem Sohn den Namen Victor. Graf Hadik jedoch stand fassungslos einer Laune der Natur gegenüber, die Irreparables verursacht hatte, da mochte er auch die Hebamme verfluchen, daß sie, sich bekreuzigend, aus dem Schlosse floh! Hadik sprang auf sein Pferd und jagte zu Amadé hinüber. »Bruderherz«, sagte er, »ich kann ihn nicht Carl nennen, er ist ein Mädel.« Graf Amadé ließ Barack bringen, und die beiden tranken bis zum Abend. Dann hatten sie die Lösung für ihr Problem gefunden: Carl sollte Caroline heißen. Nachdem sie bis zum Morgen weitergetrunken hatten, wußten sie auch, wie ihre Häuser verbunden bleiben konnten: die Kinder mußten heiraten! Gleich nach der Taufe wurden sie verlobt.

Caroline wuchs zu einem entzückenden Mädchen heran, Victor zu einem nicht minder schönen Knaben. Doch ließ der Ehrgeiz den Grafen

Hadik nicht ruhen, und so stellte sich auf seinem Schloß weiterer Kindersegen ein, bis sich sämtliche Hebammen der Umgebung weigerten, das Schloß zu betreten, denn die Kinder waren alle Mädchen! Graf Amadé zeigte Entgegenkommen und sorgte ebenfalls für Nachwuchs: die Hadik-Mädchen brauchten Amadé-Buben! Doch wurden auch auf dem Amadé-Schloß nur Mädchen geboren. Bis Graf Amadé zu Graf Hadik sagte: »Bruderherz, laß es sein. Mein Victor wird in einem Ganslstall aufwachsen, und ausheiraten wird er die Weiber auch alle müssen und sich dabei verbluten.«

Caroline durfte an Victors Unterricht teilnehmen, während ihr Schwesterchen Charlotte bei ihrer Gouvernante verblieb: die übrigen Mädchen auf beiden Schlössern rafften mit der Zeit Choleraepidemien hinweg. Die blonde Caroline wetteiferte nicht mit Victor, sondern sie brachte den zuweilen ungestümen Knaben durch Sanftmut dazu, den Segnungen der Bildung Geschmack abzugewinnen. Beider Zuneigung gehörte insbesondere der Musik, und es gab kaum ein Instrument, das sie und Victor nicht spielen konnten.

So wuchsen sie zu einem schönen, jungen Paar heran, und die Väter besprachen bereits ihre Vermählung. Doch der große Korse Napoleon, Zerstörer so manchen Glücks und auf dem

Wege, sein eigenes zu zerstören, ließ es nicht zur Hochzeit kommen: Victor mußte einrükken. Graf Amadé, ein Edelmann bester ungarischer Tradition, wünschte nichts mehr, als daß sein Einziger dem Ruhm seines Hauses weitere Lorbeeren hinzufüge: wenn das Vaterland rief, pflegten die Edelleute an der Spitze ihrer Vasallen mit dem Banner loszustürmen. Caroline verbarg ihren Schmerz und ihre Angst. »Man könnte meinen, dir liegt mehr an künftigem Ruhm als an Victors Leben«, sagte Charlotte, die, im Gegensatz zur sanften Caroline, ein ungestümes Mädchen war: schwarzlockig und schwarzäugig wie Victor, hätte man sie eher für seine als Carolines Schwester halten können.
Carolines Kopf senkte sich, die blonden Lokken zu beiden Seiten ihres Gesichts, die in anmutigem Gegensatz zum strengen Mittelscheitel standen, zitterten ein wenig. Denn Caroline weinte. »Ich wundere mich«, sagte Charlotte mit dem Spott, der ihr eigen war, »daß deine kaiserblauen Augen keine kaiserblauen Tränen vergießen.«
Victor, in Abschiedsstimmung, denn der Wagen wartete bereits, um ihn nach Pest zu bringen, näherte sich den beiden. Zart griff er nach Carolines Hand. »Tränen? Eine stolze Kriegersbraut weint nicht.« Er küßte sie auf die Wange.

»Oh, quelle vache«, sagte Charlotte (ihre Gouvernante wäre in den Erdboden versunken, hätte sie dies gehört: woher hatte die Komteß solche plebeischen Ausdrücke? Aber die Gouvernante war nicht anwesend). »Tu es fou«, fuhr Charlotte, zu Victor gewendet, leise fort. »Dieser Krieg geht uns nichts an. Fall' aus dem Wagen und brich dir ein Bein, Ungarn braucht dich!« »Megäre«, erwiderte Victor, doch es klang nicht unfreundlich: er schätzte Charlotte, die, wie viele junge Leute, revolutionäre Gedanken hegte. »Wir sprechen über alles, bis ich wieder da bin«, flüsterte er ihr ins Ohr, denn solche Dinge laut zu sagen, war selbst im eigenen Schloß gefährlich, hatte doch die Geheimpolizei überall ihre Spitzel und Zuträger.

Nachrichten über glänzende militärische Erfolge trafen bald ein, Victor zeichnete sich mehrfach aus. Stolzgeschwellt erzählte sein Vater von diesen Auszeichnungen, Caroline hingegen wurde immer stiller. Sie ängstigte sich um Victor, sie traute dem militärischen Glück nicht, und sie wurde von einer weiteren Angst gequält: ihre 16jährige Schwester Charlotte, Victor so ähnlich, war zweifellos in Victor verliebt, und die beiden paßten viel besser zueinander! Sie war schon 19, sie war langweilig gegen Charlotte, deren Temperament einen Mann mehr beglükken konnte als ihre geduldige Sanftmut, oh, nicht nur Charlotte war gefährlich, alle Frauen würden es sein, wenn Victor, der strahlende Held, zurückkehrte! Wenn sie sich im Hause umsah, gab es wenig Ermunterndes für sie: eine leidende Mutter, von der niemand Notiz nahm, einen Vater, der häufig nach Pest fuhr, wo er mehrere Mätressen hatte, kaum älter als sie; was stand ihr bevor mit Victor? Oh, es gab keine Möglichkeit, die Liebe eines Mannes festzuhalten, ihm Alles zu sein und zu bleiben!

Die Zweifel an sich selbst und an jenem Menschen, den sie liebte, schwächten sie ... Die selbstsicheren Väter und Charlotte widerstanden der Epidemie, Caroline erkrankte. Wie es heißt, konnte sie von den Ärzten gerettet werden. Doch ihr schönes Antlitz wies entsetzliche Narben auf.

Es mochte Gutherzigkeit sein, die Charlotte bewog, ihrer verzweifelten Schwester Schleier in schönen Farben aus Pest zu besorgen. Doch Caroline, ihre Narben nunmehr hinter Schleiern verbergend, empfand es als Hohn. Sie wollte sterben, denn wie hätte sie Victor lieben können: ein Scheusal hinter Schleiern?

Vergebens versuchten sie die Grafen Amadé und Hadik zu beruhigen: »Victor«, sagte ihr Vater, »ist ein Ehrenmann. Er weiß, was er dir schuldig ist.«

»Sonst enterbe ich ihn«, kam ihr Schwiegervater dem Freund zu Hilfe.
»In Paris heiratet man jetzt verschleiert«, behauptete Charlotte und zog einen rosigen Hauch vor ihr Gesicht, um ihn sofort wieder fallen zu lassen: nun, dieses Schleierspiel mit einer makellosen Haut war reizvoll! Charlottes schwarze Augen funkelten. In der sanftmütigen Caroline erwachte ein Haß, der sie selber entsetzte. Sie starrte das jugendfrische Gesicht ihrer Schwester an, und sie wünschte, oh, sie wünschte es von ganzem Herzen, daß diese Haut von elfenbeinener Farbe mit dem Hauch von Rosa, den die Gesundheit verlieh, ebenso verwüstet würde wie ihr Gesicht!
Sie wünschte es noch und betete, Gott möge ihr verzeihen, in ihrem Zimmer, das sie verschloß: sie betete um Vergebung, wünschte es aber weiter, sie betete um ihren Tod, der sie von ihren Wünschen und ihrer Verzweiflung erlösen möge. Das harte Pochen ihres Vaters an der Türe veranlaßte sie, diese doch zu öffnen. Der Vater nahm sie in die Arme. »Mein tapferes Mädel«, sagte der Vater. Caroline schmiegte sich schluchzend an ihn. »Wenn ein Mädchen nicht mehr schön ist«, fuhr der Vater gütig fort, »bleibt ihr noch immer ihr Charakter. Victor müßte blind sein, um das nicht zu erkennen.«

Victor blind, Charlotte von Narben entstellt: Caroline, wieder allein, kämpfte mit ihren schrecklichen Wünschen. Sie verfiel, wie es heißt, in einen langen, todesähnlichen Schlaf, sie nahm weder Speise noch Trank zu sich. Als sie, nach mehr als einer Woche, wieder zu sich kam, war sie gänzlich abgemagert, begehrte aber zu essen.

Ihr Vater brachte ihr selbst ein Schüsselchen Haferbrei. Caroline aß, ihre Lebensgeister kehrten wieder. Sie vernahm Geräusche von außen, und sie schaute fragend den Vater an. Er sagte lächelnd: »Du erwachst rechtzeitig. Victor ist da.« Caroline fuhr auf. »Und ist Charlotte bei ihm?«

Der Vater schüttelte den Kopf. »Charlotte hat die Pocken. Hoffentlich geht's ihr nicht schlechter aus als dir. Und jetzt steh auf. Oder willst du deinen Mann hier empfangen?«

Caroline, die sich rasch angezogen hatte, verstand nicht, warum der Vater ihr den azurfarbenen Schleier wegnahm, den sie um ihr Gesicht geschlungen hatte. »Ich bitte dich, Papa«, flehte sie. Er nahm ihren Arm und führte sie in den Salon. Dort stand Victor in Uniform, schön und strahlend wie immer, er schien auf ihre Schritte zu horchen, doch seine schwarzen Augen blickten ihr nicht entgegen. Caroline hob

ihr Spitzentaschentuch vors Gesicht. »Laß«, sagte der Vater, »das brauchst du nicht.«
Er führte die sich sträubende Caroline zu Victor. »Da ist sie«, sagte er und mußte sich abwenden, da ihm die Tränen in die Augen stiegen.
Caroline, in Victors Armen, hatte es längst begriffen: oh Gott, so schrecklich hast DU mich erhört? Victors Hände streichelten sie, seine Finger fuhren über ihr Gesicht. Da sie zuckten, sagte Caroline mit Festigkeit: »Das sind Pokkennarben.«
»Mein schöner Engel«, sagte Victor, »ich liebe sie, wie alles an dir.«
Die Hochzeit des blinden Kriegshelden und Carolines fand bald statt, und daß Charlottes Antlitz, trotz der Blattern, die Jugendfrische bewahrte, störte Caroline nun nicht mehr: Victor, ihr Victor, liebte nur sie, Vergleichsmöglichkeiten mit anderen Frauen fielen weg. Diese Voraussetzungen schufen dem jungen Paar ein dauerhaftes Glück, um das es von vielen beneidet wurde. In zeitgenössischen Chroniken wird oft berichtet, wie eine »schöne, interessant verschleierte Frau ihren Mann zu Konzerten in Wien begleitete, wo beide Hand in Hand und ineinander versunken, lauschten. Wie es heißt«, verlautet weiter, »ist der Ehemann blind und seiner Gemahlin in Liebe und Treue ergeben.«

Es soll auch auf den Schlössern Hadik und Amadé Gemälde gegeben haben, die Caroline und Victor, Hand in Hand, darstellten. Kriege und andere Unruhen haben die Gemälde verschwinden lassen, doch die Kunde dieses außergewöhnlichen Eheglücks reicht bis in unsere Tage.

Die schwarze Venus von Wien

D' Resi Tant', sagt er,
is charmant, sagt er,
und galant, sagt er,
und pikant!
Alles, sagt er,
hat's no schön beinand ...
Und ma find't, sagt er,
vurn und hint', sagt er,
allerhand, sagt er,
unterm G'wand, sagt er,
was an g'freut, sagt er
und zerstreut:
Oh Gott, wie wenig braucht da
Mensch zur Seligkeit!

Lautes Beifallklatschen lohnte die Sängerin für das neue Lied, das sie mit dem Text entsprechenden Gesten vorgetragen hatte. Man schrieb 1825. Vom nahenden Frühling war in der verrauchten »Hollerstauden«, einem Wirthaus am Spittelberg, nichts zu merken, doch war der Lenz jedenfalls für den Wirt eingezogen, der am lautesten klatschte. Denn für Tobias Lampl, 100 kg schwer und geplagt von behördlicher Sekkatur, war die Sängerin mit den blonden Locken, die unter der Goldhaube hervorquollen, mehr als ein Kassenschlager: die Reserl, die sein Lokal füllte, war bei der Sicherheitsbehörde gut angeschrieben! Sie hatte himmelblaue

Augen und wenn sie einen Mann lieb anschaute, erzählte er ihr alles, was weniger die Reserl interessierte als die Polizei, der es die Reserl weitererzählte. Und die Metternich-Sedlnitzky-Polizei hatte Interesse an allem, was die Menschen – vielmehr die Untertanen des guten Kaiser Franz – bewegte: ein Heer von Spitzeln und Konfidenten in allen Kreisen der Bevölkerung war aufgeboten, um »verräterische Gesinnung« auszuspionieren, die den guten Kaiser in ständiger Panik hielt, seit er, damals Kronprinz, hören mußte, wie die Tant' Marie Antoinette unter der Guillotine ihren Kopf verlor . . .
Aber Wien war nicht Paris, und der Kaiser saß sicher in der Hofburg. Die Reserl, der ihre himmelblauen Augen den Spitznamen »süaße Reserl« eingebracht hatten, diente der Polizei und der hohen Politik g'rad soviel, um ihre Existenz als Volkssängerin zu sichern und Gras über ihre Vergangenheit wachsen zu lassen, da sie auf dem Graben jenem Gewerbe nachgegangen war, das Männer »das älteste Gewerbe der Frau« nennen, womit sie wohl die trübe Erkenntnis meinen, daß der Mann seit der Urzeit für so natürliche Dinge, wie es die Liebe ist, bezahlen muß, weil seine Qualifikationen als Liebender so miserabel sind. Die nunmehr 26jährige Resl schleppte aus der Graben-Zeit eine Bürde mit: den »g'flickten Schani«. Er

hatte ihr immer Geld abgenommen, doch sie liebte ihn, den seinerzeit berüchtigten Messerstecher, der jetzt auch an die 30 war und, ebenfalls zur Solidität entschlossen, die singende Resl auf der Gitarre begleitete.
Den Vorfrühlingsabend in der »Hollerstauden«, wo Pärchen sich an Pärchen drängte, genoß auch ein einsamer Mann, der an seinem Tisch Horner Bier trank und die in Abständen anrückenden »Nichten« des Wirts wegschickte. Er trug einen Bart, der schlecht geklebt war, doch scherte das niemand in der »Hollerstauden«, wo mancher mehr zu verbergen hatte als sein Gesicht. Zuweilen schob der Bärtige den grünen Fenstervorhang zur Seite und schaute hinaus, als interessiere ihn das Wetter, ansonsten beobachtete er Resl und Schani. Dieser Bärtige war der Geheimdetektiv Leopold Staudinger, dessen sich die Polizei in heiklen Affairen bediente.

Der »Geheime« Staudinger geht aus alten Akten als ein Meister seines Fachs hervor. »Sein Spürsinn, seine Combinationsgabe und seine Courage« heißt es, brachten ihm Erfolge ein, die Sensation »weit über Österreichs Grenzen hervorriefen.« Doch Staudinger hatte Probleme. Nicht selten mußte er einen hochinteressanten Fall knapp »vorm entscheidenden

Schlag« einem Vorgesetzten überlassen, um in Paris oder London oder an deutschen Fürstenhöfen Staatsintrigen auf den Grund zu kommen: ehrenvolle Abberufungen, deren eigentliches Motiv aber war, daß man »höheren Orts« anders disponiert hatte. Derzeit war Staudinger aber mit einer Sache beschäftigt, die er keinem Vorgesetzten überlassen wollte, wie er sich geschworen hatte ...

Eine Serie von Verbrechen machte der Polizei seit Jahren zu schaffen, da eruierte Täter beharrlich schwiegen. So war etwa 1823 in einer Dezembernacht der 18jährige Friseurgehilfe Vinzenz Toberl in die Nationalbank eingebrochen und hatte versucht, das neuerbaute Haus in Brand zu stecken. Dafür wurde Toberl zu 16 Jahren Kerker verurteilt und verbüßte die Strafe im »k.k. niederösterreichischen Provinzial-Strafhaus« in der Leopoldstadt.

Ein Kassiber im Sommer 1824, das eine Visitation zu Tage förderte, enthielt Toberls Drohung an DEN UNSICHTBAREN, »nur noch 1 Monatt zu warten, werd' ich nicht befreyt, wie versprochen. Sonst giltt meyn Eyd nicht und ich sag' alles aus.«

Der Zuchthausdirektor plauderte »menschlich« mit Toberl, aber der beharrte auf dem Monat. Als sich schließlich ein junger Mann meldete, der seinen Cousin Vinzenz besuchen wollte, führte man ihn in die Besucherzelle im Mitteltrakt und holte Toberl. Kerkermeister und Aufseher hörten eine Weile der belanglosen Unterhaltung zu und zogen sich dann zurück, um von draußen zu schauen und zu horchen, da die Zelle entsprechende Konstruktionen hatte, die leider an diesem Tage ihr Geld nicht wert waren! Denn nach einem Aufschrei Toberls kam der Besucher herausgestürzt, rief: »G'schwind an Doktor« und rannte davon. Die Gesetzeshüter rannten ihm nach, Alarmpfeifen gellten. Die Torwache nahm schließlich den Besucher fest, der sich wild widersetzte. Als man sich Toberls erinnerte, lag der in der Besucherzelle tot in seinem Blute. In der Kehle stak ihm ein kurzes, haarscharfes Stilett.

Eine reitende Estafette meldete den Vorfall der Polizei-Oberdirektion auf dem Petersplatz. Bereits eine Stunde später war eine Kommission mit dem Geheimdetektiv Staudinger am Tatort. Der junge Mörder hüllte sich in Schweigen. Man fand bei ihm auch keinerlei Papiere oder sonstige Anhaltspunkte für seine Identität. Während des ergebnislosen Verhörs untersuchte Staudinger die Mordwaffe. Der aus gelbem Bein kunstvoll geschnitzte Griff endigte in einem Totenkopf, von dem sich eine Schlange

hinunter bis zum Klingenansatz wand. Als Staudinger die Waffe reinigte, fand er auf dem blanken Metall diese Worte eingraviert: »Tod dem Verräter!«
Seit Abschaffung der Folter war die Wahrheitsfindung im Verhör für die Verhörer schwierig geworden, doch hat die Polizei es immer verstanden, Mechanismen einzusetzen, die die Folter ersetzen. Bei dem Mörder des Vinzenz Toberl versagten aber alle erprobten Methoden: er mußte, beharrlich schweigend, schließlich verurteilt und justifiziert werden. Sein Tod durch Erhängen fand bei der »Spinnerin am Kreuz« statt: vor Tagesanbruch und ohne öffentliche Ankündigung. Seinen Namen hat man nie erfahren.

Wie es in den alten Berichten heißt, »erforderte ein Umstand Beachtung, der später Bedeutung erlangte«: an der Brust des Mörders fand man in der Herzgegend eine »seltsame Tätowierung, eine kleine, in blauer Zeichnung eingebrannte Rose.« Die gleiche Rose hatte Vinzenz Toberl in der Herzgegend tätowiert, und etwa ein Jahr vorher war ein Polizeikonfident, der Zuhälter Ferdinand Lasser, am Donauufer ermordet aufgefunden worden, der auf der Brust ebenfalls die blaue Rose eingebrannt hatte! Auch dieser Mord war mit einem Stilett verübt worden, auch damals hatte der Täter die Waffe in der Wunde zurückgelassen. Beingriff mit Totenkopf und Klinge mit Inschrift »Tod dem Verräter«, waren die gleichen.

Die Rose, wußte Staudinger, der eine exzellente Bildung besaß, galt seit dem Altertum als Symbol strenger Verschwiegenheit unter Angehörigen von Geheimgesellschaften: in aller Welt, auch in Wien vor und nach 1800 gab es Vereinigungen mit politischen, mitunter auch kriminellen Vorhaben, die manche Gebräuche der historischen Geheimgesellschaften nachahmten. Daß die drei Toten blaue Rosen in der Herzgegend tätowiert hatten, deutete darauf hin, daß sie einer solchen Verbindung angehörten: welchen Zielen mochte sie sich verschrieben haben, daß sie »Verräter« dermaßen bestrafte?

Romantisch verpackter Aufruhr? Staudinger hatte begonnen, Recherchen anzustellen. Er war jedoch bald auf ein Hindernis gestoßen, das ihn insofern besonders verdroß, weil es ein ihm seit langem bekanntes Hindernis war: eine Frau hatte sich der »Affaire blaue Rose« bemächtigt, eine Frau, die der politischen Staatspolizei schon unschätzbare Dienste geleistet hatte und die in höchster Gunst stand!

Sobald ein wichtiger ausländischer Diplomat nach Wien kam, war eine der ersten Damen,

denen er vorgestellt wurde, Donna Adriana Meraldi. Sie war zur Kongreßzeit nach Wien gekommen und brillierte auf den gesellschaftlichen Veranstaltungen. Donna Meraldi leitete ihre Abstammung von einem alten, sizilianischen Fürstengeschlecht her: sie gab an, eine Verwandte des »Grafen Cagliostro« zu sein. Obgleich sie von anderen Damen aus Herzensgrund gehaßt wurde, gab es keine Gesellschaft in Wien, zu der sie nicht Zutritt gefunden hätte, denn Donna Adriana, der einflußreiche Männer alle Wege ebneten, war sehr schön: schlank, schwarzlockig und mit dem Gesicht eines Engels, dessen »schwellende Lippen«, wie es heißt, »verrieten, daß der Sündenfall aus dem Engel eine Venus gemacht hat.«
Die sündenfällige Adriana wurde »die schwarze Venus von Wien« genannt, und es heißt, daß sie ihre »Abenteuerlust nach starken Reizen« suchen ließ, wodurch sie in die »Mysterien der Kriminalistik vorstieß«: als Amateurdetektivin, die ihre »betörende Weiblichkeit« solcherart zu nützen wußte, daß sie »aus Männern Bekenntnisse herausholte, wie dies keinem Untersuchungsrichter gelang: eine heimliche Stunde mit D. M. bringt aus einem Häftling mehr heraus als wochenlanges Verhör.«
Trotzdem waren die Meinungen kriminalistischer Fachleute über Adrianas Wirken geteilt.

Denn wo blieb, fand mancher, die Würde von Staat und Justiz, wenn eine Amateurin mit Dekolleté und Spitzenhöschen mehr erreichte, als ernste Männer in ernster Dienstausübung? Und was sollte sich die Gefängniswache denken, die aufopfernd ihren Dienst versah, wenn nachts eine verschleierte Dame mit einem Passierschein daherschwebte, der sie berechtigte, in einer Kerkerzelle zu verschwinden? Je nach Erfolg und auch Laune kehrte Adriana nach Stunden oder im Morgengrauen zurück, und was besonders ärgerlich war: gefiel ihr eines ihrer »Opfer«, schonte sie es, bis sie seiner überdrüssig oder eifersüchtig wurde!

Was nützen jedoch alle Bedenken seriöser Kriminalisten: Adriana stand in zarter Beziehung zu Hofrat Wallenberg, Sekretär der Polizeihofstelle! Zeitgenössischen Berichten nach war Wallenberg insoferne ein Phänomen, als er seit Jahren an jedem 14. März seinen 62. Geburtstag feierte. Die Leidenschaft für die schöne Sizilianerin ließ den phänomenalen Hofrat nicht realitätsfremd werden: unter Verzicht auf Eifersucht trug er hohe Auszeichnungen für das Wirken seiner Geliebten, welches Wirken obendrein den Vorzug hatte, daß es Vater Staat überhaupt nichts kostete. Denn Donna Adriana finanzierte ihre Tätigkeit selbst. Als wohl-

habende Dame lebte sie im »Goldenen Lamm« auf der Jägerzeile (wo Gesandte, Finanzmagnaten und andere Persönlichkeiten abstiegen), auf großem Fuß. Außerdem besaß sie im Kahlenbergerdörfl ein Landhaus.
Naturgemäß hatte sie Feinde. Beim Detektiv Staudinger beruhte die Feindschaft auf tiefer Gegenseitigkeit: ER störte ihre Kreise, SIE seine. SIE versuchte immer wieder, ihre erprobten Tricks bei ihm anzuwenden, doch Staudinger widerstand ...

Im Februar 1825 hatte sich in der Wiener Polizeidirektion auf dem Petersplatz ein dramatischer Vorfall ereignet: der Kanzlei-Vorstand Matthias Brand war von einer Putzfrau tot hinter seinem Schreibtisch aufgefunden worden. »Herzversagen« lautete die Diagnose des Polizeiarztes. Staudinger, der herbeigeeilt war, machte den Arzt auf die orangenfarbenen Lippen des Toten aufmerksam, doch der kurzsichtige, ältere Mediziner wußte nichts vom Wirken der Blausäure, über das nur im Ausland veröffentlicht worden war. Staudinger hatte anläßlich einer Dienstreise in Paris den ersten Vergiftungsfall mit Zyankali gesehen: der starke Bittermandelgeruch, der von den Lippen des Toten drang, erinnerte ihn daran ... Auf Brands Schreibtisch stand ein Trinkglas mit Rotweinre-

sten, in denen später tatsächlich Gift festgestellt wurde.
Selbstmord? Brand lebte in geordneten Verhältnissen. Den Wein mußte wer anderer gebracht haben, denn nirgends war eine Flasche zu finden. Die Reste im Glas wiesen auf einen schweren, aromatischen »Ausländerwein« hin, den man nirgendwo in der Nähe der Polizeidirektion bekam.
»Und g'rad heut' hat der Herr Vorstand seinen Namenstag gefeiert“, ließ sich der Diurnist Paternik weinerlich vernehmen. »Matthias?« sagte Staudinger. »Ist er der einzige im Haus, der Matthias heißt?«
Wie sich herausstellte, gab es noch einen Matthias, den Oberoffizial Mühlmann.

Mühlmann, ein ehemaliger Schauspieler, hatte es in diesem Beruf nicht weit gebracht und seine bescheidenen Einkünfte durch Spitzeldienste aufgebessert. Da auch dies zu wenig für seinen aufwendigen Lebensstil einbrachte, war er als Kanzleibeamter in die Polizei-Oberdirektion eingezogen und horchte weiterhin die Leute aus, am liebsten in Etablissements wie »Mehlgrube«, »Apollo« oder »Sperl«, denn er war ein eleganter Mann, der Arbeit und Vergnügen zu koordinieren verstand. Offensichtlich hatte er höhere »Schutzgeister«, denn er hatte im Avancement bereits etliche Kollegen übersprungen und war mit knapp 38 Oberoffizial. Die nächste Stufe war ein Vorstandsposten, und zu diesem Punkt hatte sich der fesche Oberoffizial Kollegen gegenüber so geäußert: »Mit so einem Amtstitel imponiert man den Weibern, aber der Brand geht nicht in Pension und verstellt einem den Weg . . .«

Ein im Dienst vergifteter Polizeivorstand bedeutete einen Kriminalfall von solcher Delikatesse, daß vor allem einmal Sorge getragen werden mußte, ja nichts an die Öffentlichkeit kommen zu lassen! Polizei-Oberdirektor Hofrat Baron Siber führte mit Staudinger ein entsprechendes Gespräch, und der junge »Geheime« machte sich nun an eine Recherchenarbeit nach dem Motto: »Wasch mir den Pelz und mach' mich nicht naß« oder anders gesagt: das Verbrechen unaufgeklärt einschlafen zu lassen, wäre ein kleineres Übel gewesen als ein Skandal . . . Staudinger ging methodisch vor. Er führte einen Rundgang durch Lokale durch, in denen »Ausländerwein« ausgeschenkt wurde. »Geben's mir an Pfiff (1/8 Wein)«, lautete sein Spruch, »vom roten, g'schmackigen, den vor zwei oder drei Tagen ein Freund von mir bei Ihnen g'nommen hat.«
Er klapperte etliche Weinstuben erfolglos ab,

ehe er am 27. Februar im »Schmeckerten Wurm« in der Wollzeile auf einen Gastwirt traf, der sich sofort erinnerte, einem eleganten Herrn spanischen Zorunawein verkauft zu haben. Staudinger ließ sich ein Gläschen einschenken. Der Wein war tiefrot, von metallischem Glanz. Den muskatartigen Duft, dem allerdings im Weinglas des toten Vorstandes der bewußte Bittermandelgeruch beigemischt gewesen war, erkannte Staudinger sofort wieder ... Er kaufte ebenfalls eine Flasche, die er unter den Arm schob, anders als »sein Freund«, der sie, wie der gesprächige Wirt erzählte, in eine braunlederne Aktentasche gesteckt hatte. Oberoffizial Mühlmann trug ständig so eine Tasche mit sich. Der Wirt wußte dann noch zu berichten, daß der »Freund« die süße Resl vom Graben, die auch zu Gast im »Schmeckerten Wurm« gewesen war, auf ein Glas Zoruna eingeladen hatte. Als er dann weggegangen war, hatte die Resl zum Wirten gesagt: »Der Matthes ist ein Feinspitz, net nur beim Wein, ich kenn' ihn, bei den Damen ist er rasant!«

Reserls Adresse war nicht schwer zu eruieren: aparterweise wohnte sie im Jungferngassel, einige Schritte vom Graben. Von ihrer Quartierfrau, die der Polizei Konfidentendienste leistete – wie alle Quartierfrauen im Viertel – erfuhr

Staudinger, daß die Resl in der »Hollerstauden« auftrat und ihr Quartier aufzugeben beabsichtigte, da sie und der Schani »solid« werden wollten: »Schad' um das Mädel«, bedauerte die Quartierfrau, »sie war fleißig und hätt's zu was bringen können.«

Staudinger hatte nun gefunden, daß es Zeit war, weitere Recherchen nicht mehr im Alleingang vorzunehmen. Seit langem war er mit dem Polizeikommissär Rudolf Köck von Felsenthal befreundet, einem jungen Kriminalisten scharfsinniger Kombinationsgabe, dessen Name später in einer Reihe historisch gewordener Kriminalfälle berühmt wurde. Felsenthal, der schon öfters mit Staudinger zusammengearbeitet hatte, war verblüfft von den bisherigen Ermittlungen, galt doch Oberoffizial Mühlmann nach der amtlichen Beschreibungsliste als »lobenswert.« Was er Staudinger sodann mitteilte, verdroß diesen weidlich: Donna Adriana hatte erklärt, an der Aufklärung des Mordes »mit allen Kräften« mitzuarbeiten!

Doch kehren wir zur »Hollerstauden« zurück! Wie erinnerlich, saß an diesem Vorfrühlingsabend Staudinger mit schlecht geklebtem Bart beim Fenster, dessen Vorhang er manchmal zur Seite schob, um hinauszublicken. Als er draußen endlich sah, was er erwartete, entlockte eben Schani seiner Gitarre mitreißende Klänge, und alle sangen mit. Da stürzte der Hausknecht herein und schrie: »Kusch, Klinkenfetzer, die Gwetsch is da! Mischls awont und nix kacheln!«*

Alles, was weiblich war, bis auf Resl, die es nicht nötig hatte, verschwand blitzartig in einer anstoßenden finsteren Kammer. Doch der »Grundwachter von St. Ullrich samt Spittelberg«, Melchior Straschil, der mit zwei Militärwachleuten durch die Küchentüre hereinpolterte, hatte es nicht auf die Mädchen abgesehen. Er ging zum Tisch, an dem Resl und Schani saßen.

»Wie heißen's?« fragte er den Schani, »und wo san's in der Arbeit?«

Verlegen schwieg der Schani. »Alsdern kommen's mit«, einer der Militaristen legte, auf Straschils Wink, dem Schani die Hand auf die Schulter. Schani wurde abgeführt. Da die Resl bitterlich weinte, kam Staudinger zu ihr und flüsterte ihr ins Ohr: »Setzen's Ihna zu mir, i hab Wichtiges mit Ihnen zu reden.«

Sie gehorchte. »Herr Staudinger«, sagte sie dann, »ham vielleicht Sie mein Schani verhaften lassen?«

»Fragen stell' ich! Und jetzt g'scheit sein, Resl, dann haben's Ihr Herzbinkerl in ein paar Tagen

* »Aufhören, Musikant, die Polizei ist da. Mädeln weg und nichts reden.«

wieder. So, und jetzt reden wir. Wann haben Sie den Herrn Oberoffizial Mühlmann das letzte Mal gesehen?«

Resls weitschweifiger Bericht über die Begegnung im »Schmeckerten Wurm« bekam einen interessanten Zusatz, als sie erzählte, daß eine Freundin, die »Judenannerl«, Mühlmann kurz darauf beim Trattnerhof angeredet hatte, weil er »so lustig« dreinschaute. »Ka Zeit, Madl«, hatte Mühlmann gesagt, »viel zu tun, mein Kanzleivorstand hat der Schlag troffen und jetzt werde ich Vorstand.«

Am nächsten Morgen, dem 3. März 1825, eine Woche nach Brands mysteriösem Heimgang, erschien eine Kommission in der Polizei-Oberdirektion.

In der Paßregistratur amtierte am Schreibtisch des toten Vorstands als dessen vorläufiger Stellvertreter Mühlmann. Als ihm eröffnet wurde, daß sämtliche Räume bis auf Weiteres unter gerichtliche Sperre gesetzt und versiegelt würden, und die Herren, die in der Paßregistratur Dienst taten, beurlaubt seien, wurde der Oberoffizial blaß.

Er verließ das Amtsgebäude, ging durch die Freisingergasse, über Bauernmarkt und Lichtensteg bis zum Sesselträgerstandplatz am Lugeck, wo er, sich scheu umblickend, eine der dort

in langer Reihe bereitstehenden Lohnsänften bestieg.
Daß ihm ein Fiaker mit geschlossenen Fenstern die ganze Zeit über gefolgt war, hatte er nicht bemerkt. Im Wagen saß der Polizeikommissär Felsentahl. Auf dem Kutschbock saß – wer denn sonst? Staudinger als Kutscher verkleidet.

Die Sänftenträger kamen rasch voran: Staudinger hatte es im Gedränge auf der Schlagbrücke (heute Schwedenbrücke) mit seinen beiden Grauschimmeln schwerer. Vor einem der ersten Häuser auf der Praterstraße stellten die Sänftenträger ihren Sitzkasten aufs Trottoir. Es war das Haus Leopoldstadt Nr. 581 mit dem Schild: Gasthof »zum Goldenen Lamm«. Wie erinnerlich, bewohnte die »schwarze Venus« Adriana dort eine elegante Suite. Der Fiaker hielt in guter Sichtweite.
Mühlmann stieg aus der Sänfte, zahlte den Sesselträgern und trat in den Gasthof ein.
Ging er mit galanten Absichten zu Adriana? Und was hatte sie mit ihm vor? Mühlmann war ein gutaussehender Mann, wenn Adriana beabsichtigte, ihm ein Geständnis abzuluchsen, das ihm den Galgen einbrachte, war ihr zuzutrauen, daß sie das grausame Spiel eine Weile ausdehnte, um diesen Mann zu genießen! Staudinger entdeckte zwischen den Fiakern und Einspän-

nern die himmelblau lackierte Privatequipage der Donna Adriana. Madame befand sich also bereits daheim ...

Auf dem Trittbrett der Equipage hockte ein jüngerer Mann in himmelblauer, silberbetreßter Herrschaftsdiener-Livree: Adrianas muskulöses Faktotum, Kutscher, Hausmeister und Kammerdiener in einer Person. Staudinger hatte früher einmal versucht, den Lakaien über seine Herrin auszufragen, erntete aber nur Kopfschütteln und Gebärden, daß der arme Kerl taubstumm sei. Die Probleme des Kutschierens löste der Taubstumme durch ein lautgellendes Signalpfeiferl, das die Passanten schon von weitem alarmierte. Staudinger, den Taubstummen nicht aus den Augen lassend, sah nach etwa 20 Minuten, wie sich im ersten Stock ein Fenster öffnete, das zum Appartement der Meraldi gehörte. Aus dem Fenster drangen die hellen Töne einer Pikkolo-Flöte: Mozarts »Zauberflöte« erklang »Bei Mäännern, welche Liiebe fühlen«. Aber nur die ersten Takte. Zufall? Oder war der Taubstumme gar nicht so taubstumm? Er ging in den Gasthof, blieb dort etwa 10 Minuten und begab sich dann auf den Kutschbock. Bald erschienen Donna Meraldi und Mühlmann und stiegen in die himmelblaue Equipage ein, die indessen vorgefahren war.

Außerhalb der Nußdorfer Linie gab's keinen Zweifel mehr, wohin sie steuerten: ins Kahlenbergerdörfl! Es begann zu regnen, und Staudinger auf dem Kutschbock fror. Zum Glück gab es etwa 200 m vom Landhaus der Meraldi entfernt ein Wirtshaus, wo man unter Dach weiter beobachten konnte.

Dort, am Beginn des Kahlenbergerdörfels, wo der steile Felshang in sanftem Bogen hinter die terrassenförmig aufsteigenden Häuschen zurücktritt, lagen Villa und Garten der Meraldi. Die blaue Karosse hielt vor der eisernen Gartentüre, der taubstumme Kutscher stieg ab; sperrte die Eisentüre auf, fuhr in den Vorgarten und schloß dann wieder das Tor.

Staudinger, der mit dem Fiaker vorsichtig an der Bergseite stehen geblieben war, um nicht im letzten Augenblick die Aufmerksamkeit der Verfolgten zu erwecken, fuhr nun auf die Stromseite hinüber, in den Gasthof. Dort versorgte er die Pferde und setzte sich dann mit Felsenthal ans Erkerfenster der Gaststube. Von dort her überblickten sie die Straße und behielten gleichzeitig das Gartentor der Villa im Auge, so daß keiner unbemerkt zum Treppelweg hinuntergehen konnte, der, hart am Wasser gelegen, hinter dem Wirtshaus vorbeiführte.

Während draußen ein Wolkenbruch niederging, besprachen die beiden die Lage. »Am liebsten«,

sagte Staudinger, »möcht' ich jetzt in die Villa hineingehen und alle verhaften, weil das Stummerl, das regt mich auf! Schlimmstenfalls müßt' man alle wieder auslassen . . .«
»Wenn wir die Meraldi ohne Beweise verhaften«, meinte Felsenthal mißmutig, »ist sie in ein paar Stunden wieder frei, und wir haben Scherereien. Denn der Mensch im Dienst, besonders im Polizeidienst, muß Rücksichten nehmen, wir sind ja in Österreich.« Als der Wolkenbruch vorbei war, ging Staudinger hinaus und am Gittertor der Villa vorüber. Aus den beiden letzten Fenstern im ersten Stock schimmerte, durch Spitzenvorhänge gedämpft, rotes Licht. Staudinger ging zum Treppelweg und entdeckte beim Hinuntergehen auf der Landseite des Wegs eine Fischerhütte, die sich der Villa gegenüber befand und von ihrem Dach aus einen guten Ausblick auf diese bot. Als er in den Gasthof zurückkehrte, fand er Felsenthal aufgeregt vor: eben war die himmelblaue Equipage auf die Straße hinausgefahren, und der Taubstumme sperrte das Gartentor zu. Kurz darauf flog die Equipage im Galopp stadtwärts, und der Fiaker mit den Grauschimmeln folgte ihr. Die Schranken bei der Nußdorfer Linie verursachten weder der Equipage, noch dem Fiaker Aufenthalt, da die Meraldi den Wachen als »Polizeigräfin« und Staudinger als Kollege bekannt

waren. Vor dem Tor der Polizei-Oberdirektion Am Peter hielt die Equipage, und Staudinger, auf dem Kutschbock, sah mit Erstaunen, wie sich der Wagenschlag öffnete und eine verschleierte Dame ausstieg: nur eine Dame, sonst niemand!

Sie ging zum Torposten, wechselte einige Worte mit ihm und wurde eingelassen. Staudinger hielt hinter der blauen Karosse, deren Vorhänge zugezogen waren, so daß man nicht hineinsehen konnte: wartete Mühlmann drinnen? Allfalls unfreiwillig in Tiefschlaf versetzt durch ein Tränklein von Donna Adrianas schöner Hand?

Er sprang vom Kutschbock und riß den Wagenschlag auf. Bei allem Groll auf Adriana: ihr Pafüm, das noch das Coupé erfüllte, war gut! Aber das Coupé war leer . . . Grinste der taubstumme Lakai, der auf dem Trittbrett saß? Staudinger und hinter ihm Felsenthal liefen über die steile Treppe in den ersten Stock. Staudinger besaß das Privileg, zu jeder Zeit unangemeldet beim Chef der Polizei-Oberdirektion einzutreten. Hastig schritten er und Felsenthal durch das mit Wartenden besetzte Vorzimmer Hofrat Sibers auf die hohe, mit dunkelgrünem Stoff überzogene Tür zu, als diese sich auch bereits öffnete. Heraus kam Donna Adriana. Sie und Staudinger sahen einander nur kurz in die Au-

gen – es war beileibe nicht ihre erste Begegnung, und der Haß, der aus beider Augenpaare blickte, war kein neuer Haß – dann enteilte Adriana, und den beiden Kriminalisten, die beim Hofrat eintraten, wurde herzliche Begrüßung und noch mehr entgegengebracht: »Ihr genialer Scharfsinn, lieber Staudinger«, sagte der Hofrat, »hat wieder einmal recht behalten. Mühlmann ist der Mörder. Die Meraldi – da können wir Mannsbilder einpacken mit Daumenschrauben und Streckbrett, so ein Weib hat da bessere Methoden – hat mir soeben dieses Dokument überbracht.«
Staudinger und Felsenthal bekamen folgenden Zettel zu lesen:

»Ich bekenne hiemit freiwillig, daß ich den Herrn Amtsvorsteher Matthias Brand zum Zweck, in seine Stellung vorzurücken, ohne fremden Rat oder die Mitwissenschaft einer dritten Person mit Gift getötet habe. Matthias Mühlmann, k.k. Polizei-Oberoffizial.«

»Und warum is der Mühlmann net selber da, Herr Hofrat?« fragte Staudinger nach einer Pause.
»Geduld«, meinte Hofrat Siber. »Die Meraldi hat mir noch eine höchst wichtige Entdeckung

mitgeteilt: Mühlmann trägt auf der rechten Brustseite die Ihnen wohlbekannte Tätowierung: Die blaue Rose.«
Staudinger nickte. »Warum hat sie den Mühlmann nach seinem Geständnis in ihrer Villa zurückgelassen?« erkundigte er sich. »Er ist längst daheim«, erwiderte der Hofrat. »Na ja, lieber Staudinger, da war einmal wer schlauer als Sie ... Er hat die Meraldi nach dem Einbekenntnis gebeten, ihm zur Ordnung seiner Papiere noch etwas Zeit zu geben, nur unter dieser Bedingung schrieb er dieses für die Strafuntersuchung so wertvolle Dokument. Jetzt dürfen's in's Rabengassl gehen und die vertrauliche Inhaftierung Mühlmanns vornehmen. Blöd is nur, daß die Meraldi angekündigt hat, daß sie sich bei der Polizei-Hofstelle beschweren wird, weil Sie sie alleweil beim Arbeiten stören.«

Mühlmanns Quartierfrau, die 80jährige Spitzenklöpplerin Rosalia Teigerl, erzählte Staudinger und Felsenthal, daß ihrem Herrn sehr schlecht gewesen sei, als er gegen halb fünf heimgekommen war. Er liege in seinem Zimmer am Kanapé und dürfe nicht gestört werden. Es war dunkel im Zimmer, als die beiden eintraten. Mit Rosalias Unschlittkerze leuchtete Staudinger umher, bis der flackernde Schein das grün überzogene Kanapé erreichte. Aber Mühlmann lag nicht darauf, sondern daneben, hingestreckt auf den Boden. Unter den Füßen der Nähertretenden knackten die Scherben eines Weinglases. Staudinger leuchtete Mühlmann ins Gesicht. Die gleiche orangenfarbene Verfärbung der Lippen und Zunge, der gleiche Bittermandelgeruch wie beim ermordeten Brand – Blausäure! Mühlmann war tot.

Für die Behörden war der peinliche Fall erledigt: Mühlmann hatte gestanden, Mühlmann war tot. Staudinger und Felsenthal jedoch – Ehrgeizlinge, mochte da mancher in der Polizei-Oberdirektion mißmutig meinen –, gaben sich nicht zufrieden. Wie war Mühlmann zu einer Zeit, da sie beide den Villenausgang und die Straße überwachten, ungesehen hinaus gekommen? Und wieder die Blausäure – woher hatte sie Mühlmann?

Felsenthal ließ sich noch in der gleichen Nacht den Wachkommandanten kommen, der am Nachmittag bei der Nußdorfer Linie Dienst gemacht hatte. Er erfuhr, daß der Fiaker Nr 19 um 15h 15 wie man heute sagen würde, der Kommandant sagte: »umara viertel viere«, leer durch die Linie gegen Nußdorf hinausgefahren und gegen 4 h (16h) zurückgekehrt war. Man ließ ihn ohne Visitierung durch, da er einen

von der Polizei-Hofstelle ausgefertigten Passierschein vorwies. Wer im Wagen saß, konnte man wegen der verhängten Fenster nicht sehen. Fiaker Nr 19 fuhr Wilhelm Bozek, eine »historisch gewordene Fiakergröße Wiens«, wie alte Berichte vermelden. Bozek fuhr die interessantesten Leute: Therese Krones gehörte ebenso zu seinen Stammkunden wie Ferdinand Raimund, er fuhr hochgestellte Persönlichkeiten zu diskreten Zielen und sah, hörte und wußte nie etwas, denn die Ehre eines Fiakers bestand in seiner Verschwiegenheit. Bozek war nur mit List beizukommen, und so wurde er am 4. März, am Tag nach Mühlmanns Tod, vom Standplatz weg verhaftet. Felsenthal hielt ihm im Verhör vor, er habe am vergangenen Nachmittag zwischen halb vier und vier eine Rauferei vor dem Stubentor angezettelt. Bozek sagte: »Um die Zeit war i ganz wo anders.« Wo, war nicht aus ihm herauszubringen. Damit hatten Felsenthal und Staudinger auch gerechnet.
Aber da saß ja der »g'flickte Schani« im Polizeigefangenenhaus am Salzgrieß, und die Resi hatte die Erlaubnis erhalten, ihn zu besuchen. Sie wurde instruiert, was sie dem Schani beizubringen hatte, der in Zelle 11 saß und vom Heimgehen träumte. Bozek kam zu Schani in Zelle 11, tobte über die ihm angetane »Gemeinheit der Kiberer« und das Nachtmahl (kalte Linsen) und

brüllte den Schani an, der ihn zu beruhigen versuchte.
Am nächsten Morgen war er umgänglicher und antwortete auf Schanis teilnahmsvolle Fragen: »I hob net g'raft am Stubentor, um die Zeit hab' i wirklich a Fuhr g'hobt.« Und er erzählte, daß ihm vorgestern eine in Wien sehr bekannte Dame durch ihren Lakaien einen Zettel auf den Standplatz schicken hatte lassen, um dreiviertel vier nachmittags auf der Heiligenstädterstraße, dort, wo sich die erste Überfuhr über den Donaukanal unterhalb vom Nußdorfer Spitz befindet, auf einen Herrn zu warten und den sodann ins Rabengassl zu fahren. Der Fahrgast war auch gekommen, doch »kasweiß im G'sicht« – daß dieser Fahrgast jetzt in der Totenkammer des Allgemeinen Krankenhauses lag, ahnte Bozek nicht.
Kurz darauf wurde Schani zum Verhör geholt und erzählte Felsenthal, was er von Bozek erfahren hatte. Diesen ließ sich ein anderer Kommissär kommen, der ihm mitteilte, sein Alibi sei überprüft worden: »Durch die Rapportmeldung der Wachstube an der Nußdorfer Linie«, sagte der Kommissär, »wissen wir, daß Sie dort waren: Bozek, warum haben's nicht gleich g'sagt, daß Sie um die Zeit, wo am Stubentor gerauft worden ist, bei der Nußdorfer Linie einen Passierschein abgegeben haben? Das hätt'

Ihnen das Sitzen erspart!« Bozek, ahnungslos, daß er manipuliert worden war, kehrte auf seinen Standplatz zurück, froh, davongekommen zu sein. Den Schani aber erwartete vorm Gefangenenhaustor im Sterngassel die Resl mit süßen Powidlbuchteln und noch süßeren Küssen: der Schani war ja jetzt wer, er hatte der Polizei Hilfe geleistet! Für einen ehemaligen Zuhälter bedeutete die Tatsache, »k.k.-Spitzel« geworden zu sein, den Beginn einer glücklichen Zeit mit der Frau, die ihn liebte.

Staudinger wohnte im Haus »Zum Goldenen Stern«, Stadt Nr. 731. (Heute steht an der Stelle das Haus Rotenturmstraße 14.) Am Abend des nächsten Tages saßen er und Felsenthal in der Wohnung und warteten auf Hofrat Siber, der hier eine Besprechung wünschte, da man im Amtsgebäude ständig gestört wurde. Hofrat Siber erschien mit Verspätung: Exzellenz Graf Sedlnitzky, der allerhöchste Polizeichef, hatte ihn zu sprechen gewünscht, doch ehe er den Ausgang dieses Gesprächs mitteile, wollte er die Neuigkeiten erfahren. Staudinger erzählte ... Um dem Rätsel auf die Spur zu kommen, wie Mühlmann aus der Villa gelangt war, hatte er sich nochmals ins Kahlenbergerdörfl begeben, als die Meraldi und ihr Lakai in Wien waren. Es mußte einen ZWEITEN WEG geben! Wie er-

innerlich, stand eine Fischerhütte unweit der Villa unten am Treppelweg. An der gleichen Stelle mündete ein Kanal in die Donau. Beim derzeit niedrigen Wasserstand konnte man die obere Wölbung des Kanalausgangs sehen. Dieser unterirdische Abzug MUSSTE von der Villa Meraldi herkommen! Staudinger schilderte mit größter Genauigkeit, wie er herausgefunden hatte, daß dieser Kanal gangbar gebaut war und schlug Hofrat Siber vor, gemeinsam mit Felsenthal den Geheimnissen der Villa Meraldi durch diesen Gang auf die Spur zu kommen . . .
Hofrat Siber sprach ihm und Felsenthal Anerkennung für soviel präzise Diensterfüllung aus, mußte aber bedauernd auf sein Gespräch mit Sedlnitzky verweisen: Die Affaire Mühlmann, war ihm mitgeteilt worden, war durch dessen Freitod erledigt. In Mühlmanns Wohnung war keinerlei Material für eine Suche nach Mitschuldigen gefunden worden. Die einzige bedenkliche Erscheinung sei die blaue Rose auf Mühlmanns Brust. Doch Donna Adriana habe es auf sich genommen, die Spur der Dolchmänner ALLEIN zu verfolgen, und sie wünsche – am allerwenigsten von Geheimdetektiv Staudinger – dabei gestört zu werden! Im übrigen bitte er, Hofrat Siber, Staudinger am kommenden Vormittag zu sich ins Büro.

Bei diesem Besuch wurde Staudinger eine vertrauliche Order im Auftrag der Kanzlei des Staatsministers Metternich ausgehändigt. Die Order enthielt die Anerkennung für Staudingers Verdienste um die öffentliche Sicherheit, sowie die Betrauung mit einer Sache, die »größte Geschicklichkeit« erfordere. Ein Dienstauftrag, Banknotenfälschern auf die Spur zu kommen, die Österreich mit 10-Guldenscheinen, im Ausland hergestellt, überschwemmten. Das hieß für Staudinger: Wien sofort zu verlassen und in den großen Städten Europas nach den Fälschern zu suchen . . .

Im August 1826 sahen die Wiener mit größtem Interesse einem Ereignis entgegen, wie es heutzutage höchstens Fußballweltmeisterschaftskämpfen erwiesen wird: bei der Spinnerin am Kreuz sollte am 30. eine öffentliche Hinrichtung stattfinden, und der Delinquent war kein Geringerer als der sogenannte »Dukatengraf« Severin von Jaroszynski. Der sehr bekannte Lebemann aus bester polnischer Adelsfamilie hatte seinen ehemaligen Lehrer Abbé Blank ermordet. Um Jaroszynski trauerten einige Frauen, die prominenteste seiner Geliebten war die Schauspielerin Therese Krones, die zur Zeit nicht auftrat, ebenso aus Gram, als auch aus Angst, ausgepfiffen zu werden. Denn wo sie sich zeigte, sangen ihr Wiens Gassenbuben die Spottverse nach, die das Aschenlied aus Raimunds »Bauer als Millionär« parodierten:

»Da kummt a Graferl her,
von Gold und Silber schwer,
dem schenkt ma do Gehör:
Weil man sonst teppert wär' ...
Auf einmal, welche Qual,
sitzt er im Kriminal,
der Schmuck, den er geschenkt,
war g'stohl'n, der Graf wird g'hängt!
An Aschen ...«

Es gab jedoch noch eine prominente Geliebte: Donna Meraldi! Die schwarze Venus trauerte weitaus weniger als die Krones, hatte ihr diese doch den »Dukatengrafen« als Liebhaber ausgespannt! Es war wohl immer wieder zu Zusammenkünften der Meraldi und Jaroszynskis gekommen, aber sie war hinter der Krones als Nr. 2 geblieben. Daß Adrianas Stolz schwer getroffen war, daß sie sich rächen wollte, ist anzunehmen: sie besuchte den adeligen Raubmörder, als er noch in Untersuchungshaft war und strikt leugnete, und es heißt, daß SIE ihn zum Geständnis brachte, nicht die Tortur der Stockstreiche!

Versprach sie ihm, der auf der Brust die blaue

Rose tätowiert hatte, die Allerhöchste Begnadigung, auf die er bis zum 30. August, dem Tage seiner Justifizierung, hoffte? Als der Scharfrichter Martin Abel ihm den Gurt um den Leib schlang, der ihn hinaufzog, soll Jaroszynski geschrieen haben: »Ich muß reden, ein gräßlicher Betrug, diese Kanaille . . .« Ein Trommelwirbel verschlang jeden weiteren Laut: dann war der Dukatengraf dahin, und seine letzten Worte wurden als Majestätsbeleidigung am guten Kaiser Franz ausgelegt.
Am Abend der Exekution jedoch saß Donna Adriana beim Diner im »Goldenen Lamm« und plauderte angeregt mit einem Privatier aus Karlsbad, der vor einigen Tagen angekommen war. Er war ein eleganter Mann um die 30, trug einen Schnurrbart und nannte sich Fritz Kelter. Er erzählte, daß er eine unerwartete Erbschaft in Wien auf amüsante Weise ausgeben wollte. Daß Donna Adriana in ihm nicht Staudinger erkannte, lag weniger an seinem Bart und der eleganten Kleidung, als an ihrer Ichbezogenheit: wenn sie nicht gerade »arbeitete«, war sie nur mit sich selbst beschäftigt! Staudinger spielte seine Rolle so gut, daß er bald als »schmachtender Verehrer« zu einer Mondscheinfahrt in der himmelblauen Equipage eingeladen wurde. Sich dem Blick des Lakaien auszusetzen, schien ihm aber nicht ratsam, und er

überredete Adriana zu einem Spaziergang auf dem Glacis . . .

Felsenthal, dem er am nächsten Tag davon erzählte, hielt diese Form der Wahrheitsfindung für sehr gefährlich. »Du hast«, sagte er, »schon jetzt leuchtende Augen, wenn du von ihr redest. Du wirst bald eine tätowierte Rose auf der Brust und später orangenfarbene Lippen haben. Und das nach deinem Erfolg mit den Banknotenfälschern! Du kannst dich jetzt viel trauen, aber DAS nicht.«
Staudinger widersprach, ließ sich aber dann zu einem anderen Plan überreden, der etliche Vorbereitungen erforderte. Nach einer Woche, in der er freilich einige Male Adriana traf und sich Gedanken über diese schöne, heißblütige, im Grunde aber unglückliche Frau machte, fanden er und die Resl sich auf dem Treppelweg vorm Kahlenbergdörfl ein. Aus einem Bund Sperrhaken fand er einen passenden für die Fischerhütte, sperrte auf und trat mit Resl ein, die Kerze und Steinfeuerzeug mit sich trug. Sie erreichten den unterirdischen Gang, schritten eine Weile weiter und gelangten durch eine Eisentüre, die ein Sperrhaken aufschloß, in einen runden gewölbten Kellerraum. In der Wand ringsum befanden sich Nischen, in jeder war ein Holzverschlag, darin eine Person bequem stehen

konnte. In Kopfhöhe waren Ausschnitte im Holz, die jeweils eine Larve ausfüllte: unheimliche Fratzen, die die Eindringlinge anstarrten ... Die dem Eingang gegenüberliegende Hauptnische beinhaltete einige ineinander verschlungene Fratzen von größter Scheußlichkeit, und darüber war ein riesiger Dolch auf die Mauer gezeichnet, der die Inschrift trug: Tod dem Verräter. Dieser Dolch mit dem Totenkopf und der Schlange am Griff glich genau jenen Stiletten, mit denen die Morde an den »Männern der blauen Rose« begangen worden waren ... In der Mittelnische war ein Podium, das die beiden erstiegen, dahinter wieder eine versperrte Türe, eine Wendeltreppe – Resl, die tapfer die Kerze hielt, wußte schon nicht mehr, wieviele Türen, Gänge, Treppen sie passierten. Sie fürchtete sich halb zu Tode. Doch endlich standen sie in einem Zimmer, das Resls Kerze ausleuchtete: ein auf's Luxuriöseste eingerichtetes Zimmer mit kostbaren Teppichen, erlesenem Mobiliar – Mittelpunkt ein riesiges Bett in Muschelform!

Während Staudinger dieses Privatissimum Adrianas in Augenschein nahm, begab sich Resl zum Fenster, um zu beobachten, was unten passierte. Donna Adriana befand sich derzeit wohl im Praterlusthaus, wo ein Bankett für sie stattfand, und der fesche Geheimkommissär

Ziegler, der Staudingers Abwesenheit zu erklären hatte, wußte mit der Weiblichkeit umzugehen. Trotzdem hatte Felsenthal Sicherungen gegen eine überraschende Rückkehr Adrianas getroffen.

Staudinger, das Muschelbett inspizierend, fand an dessen Seiten herabhängende Ledergurten mit Eisenschließen, vermutlich dazu bestimmt, einen Menschen in liegender Stellung zu fesseln. Auf einem Tischchen daneben befanden sich merkwürdig geformte Nadeln und Fläschchen mit allerlei Mixturen, sowie eine kupferne Heizpfanne mit Holzkohle. Um noch vorhandene Zweifel zu beseitigen, fand er auf dem Palisanderschreibtisch eine goldene Vordruck-Schablone, die eine Rose zeigte ... Beim Durchmustern des Schreibtischs fand Staudinger unter Briefen und Dokumenten ZWEI Reisepässe, ausgestellt 1814 in Palermo, auf die Namen Adriana (Donna) Meraldi und Pietro Gazzo. Ein in Gazzos Paß eingelegter Brief eines Alessandro, Conte Bellentani, beinhaltete die Information, daß ihr »Geliebter, mit dem sie durchgebrannt war«, nicht nur wegen Desertion, sondern auch wegen Mordes von den sizilianischen Behörden verfolgt werde und schloß mit der Bitte, »die Schwester möge unverzüglich heimkehren, um nicht das Herz ihrer Mutter vollends zu brechen.«

Ein Pistolenschuß von der Straße her beendete Staudingers Lektüre. Rosl schrie: »Jetzt steigt a blaue Raketen!« Schuß und Rakete waren ein mit Felsenthal vereinbartes Zeichen. Staudinger lief zum Eingangstor hinunter. An der Außenseite des Hausgitters stand Felsenthal. »Deine Donna«, sagte Felsenthal, »hat das Stummerl heimg'schickt mit der Equipage. Sie braucht heut' Nacht beides nicht mehr, sie hat Wichtiges mit einem Kavalier vor.« Da Staudinger erbost ansetzte: »Dem Ziegler werd' ich . . .« fuhr Felsenthal fort: »Der Kavalier ist der Hofrat Wallenberg. Er hat sie vom Bankett abholen lassen. Ich schätze, wir holen uns kalte Füße bei unserem Projekt.«

Staudinger verstopfte stumm das Schlüsselloch des Gittertores mit Sand und Erde und begab sich ins Salettl. Felsenthal verblieb im Dunkel der Kirschbäume.

Als die Equipage Donna Meraldis vorgefahren war, fluchte der taubstumme Pietro im schönsten Sizilianisch, da das verstopfte Schlüsselloch seinem großen Torschlüssel widerstand. »Im Namen des Gesetzes erkläre ich Sie für verhaftet, Pietro Gazzo!«, Staudingers Hand legte sich auf die Schulter Gazzos, der stutzte und dann mit einem Satz zur Seite sprang. Er zog eine Pistole, ein Schuß krachte . . . Doch nicht Staudinger fiel zu Boden, sondern Gazzo! Das war Resl Werk: sie hatte es im Haus allein nicht ausgehalten, sie war hinausgeschlichen und gerade zurechtgekommen, um Gazzo einen kräftigen Schlag auf den Arm zu versetzen: so hatte sich die Waffe gegen ihn selbst gekehrt. Seine linke Schulter war zerschmettert. Die beiden Detektive trugen ihn ins Haus, Resl versorgte die Wunde, und nun warteten alle drei wohl eine Stunde an seinem Lager, bis er die Augen aufschlug: sein zerfetztes Hemd mit den auffällig schönen Porzellanknöpfen ließ eine blaue, tätowierte Rose unterm Herzen sehen . . .

»Pietro Gazzo«, sagte Staudinger, »du bist ein Schuft, der ein unschuldiges Mädchen verführt hat. Und damit nicht genug, hast du die Contessa Bellentani in einen Geheimbund gepreßt, hast sie als Werkzeug benützt, um die Opfer anzulocken, die DU dann ermordet hast! Aber sie macht mit dir und dem Geheimbund Schluß, gestehe, Gazzo, wir wissen alles!«

Staudinger sprach Italienisch zu Gazzo, der trotz seiner Schmerzen wütend in die Höhe fuhr. Und dann sprudelte es von seinen Lippen: Adriana hatte bereits als blutjunges Mädchen Schande über ihre hochachtbare Familie gebracht, da sie in unersättlicher Begierde ihre Liebhaber selbst in Palermos Straßen suchte – sie war »wie ein Mann«, der schrankenlos genießt, was einem Weibe nach Zucht und Sitte

nicht zusteht, Adriana aber noch schöner und verführerischer machte. So gelang es der Familie, sie standesgemäß zu verheiraten, doch der 70jährige Oreste, Don Meraldi, verschied allzubald, wenn auch sein Glück genießend, in den Armen seiner Gemahlin, einen mißgebildeten Sohn, aber auch eine unermeßliche Erbschaft hinterlassend. Ihn, Pietro Gazzo, hatte die Liebe und der Wunsch, immer bei Adriana zu sein, dazu gebracht, den Militärdienst aufzugeben. Da er kein Geld hatte, beraubte und tötete er verschiedene Leute, nahm auch Verbindung zu einem Geheimbund auf. Adriana, stets auf Abenteuer aus, bediente sich Gazzos und des Bundes auf eigensüchtigste Weise: sie stellte Kontakte her und beging Verbrechen, indem sie diese durch andere ausführen ließ und selbst nur genoß, was Männer zu bieten hatten. Pietro, ihr verfallen, hatte etliche Male den Dolch führen müssen, um Männer zu beseitigen, er, den sie zum taubstummen Lakaien degradierte und dem sie mit Dokumenten drohte, die sie besaß und die eine Gefahr für den Bund, für Gazzo aber die Vernichtung bedeuteten ...
Krauses Zeug, das ein Gedemütigter und trotzdem unwandelbar Liebender erzählte? Staudinger, Felsenthal und Resl, deren Augen feucht wurden, hörten aufmerksam zu, als Gazzo sein Elend bekannte. Daß er sich plötzlich vor-

beugte und in einen der Porzellanknöpfe seines Hemdes biß, schien nur solange ein Akt seiner Verzweiflung zu sein, ehe sich sein Körper aufbäumte und aufs Lager zurückfiel ...

»Meiner Seel«, soll Staudinger nach den alten Berichten gesagt haben, »da sitz' ich daneben, wie ein Idiot, und schau' zu, wie einer eine Blausäurekapsel schluckt, die er im Hemdknöpfl hat – und merk's erst, bis es nach Bittermandeln riecht, und der Mensch kein Wörtl mehr reden kann ...«

Daß Adriana Meraldi oder Contessa Bellentani, wie sie sich nun nannte, nach Sizilien heimfuhr, bedeutete das Ende ihrer Wiener Tätigkeit: wie's um den Geheimbund der »blauen Rose« stand, wie's weiterging, wissen wir nicht. Die noch immer schöne »Venus von Wien« nahm sämtliche Geheimnisse, auf die in Wien außer Staudinger und Felsenthal niemand »neugierig« war, mit nach Sizilien. Es heißt, daß der Kaiser Hofrat Wallenberg in Pension schickte und Staudinger und Felsenthal mit neuen Aufgaben betraut wurden: ein Allerhöchster Bonus! Für die »süaße« Resl und ihren Schani soll der über manches grantelnde Staudinger 500 Gulden Prämie erwirkt haben, die das Paar in eine Greißlerei auf der Wieden investierte: eine Goldgruben, wie die nunmehr solide verheiratete Resl beteuerte, die noch lange Jahre feuchte Augen bekam, wenn in ihrer Greißlerei von VERWIRRUNGEN LIEBENDER MENSCHEN die Rede war.

Frühlingserwachen

Am 21. Mai 1817 saß Barbara Gappo in ihrem Kontor, mit der Durchsicht ihrer Rechnungen beschäftigt. Es war 10 h, und sie hatte nur zwei Stunden geschlafen, denn, wie immer, waren die letzten Gäste nicht aus dem Salon hinauszubringen gewesen. Barbara, im schwarzen Spitzennégligée, die roten Locken zum Zopf geflochten – offenes Haar störte sie bei der Büroarbeit –, ließ an diesem sonnigen Morgen die gewohnte Akkuratesse vermissen, da ein Billet sie beschäftigte, rosafarben und mit schnäbelnden Täubchen verziert. Es stammte von ihrer Freundin Nina, die in der Leopoldstadt ein Etablissement betrieb, das keineswegs so nobel war wie Barbaras Salon, Nina und ihre Kinder aber trotzdem trefflich ernährte, was nun, wie der Täubchen-Brief vermuten ließ, in Gefahr stand. Denn Nina, die auf die fünfzig zuging wie Barbara, hatte sich verliebt. »Er« war Franzose, natürlich ein »Chevalier«, den es nach Wien verschlagen hatte, und er wollte nach Frankreich zurückkehren und auf den Gütern seiner ehrenwerten Familie ein neues Leben mit Nina beginnen.

Diese französischen Restbestände aus der Kongreßzeit, diese Windbeutel! Alle nannten sich Chevalier, wenn nicht Marquis, und mit ihren Samtaugen und ihrem Charme zogen sie den Frauen das Geld aus den Taschen. Daß Nina auch so dumm war! Barbara beschloß, in die Leopoldstadt zu fahren. Ninas jüngste Tochter war so alt wie ihre Henriette, die im Niederösterreichischen eine strenge Klosterschule besuchte. Auch Ninas Tochter besuchte eine Klosterschule. Ihre zwei Söhne hatte sie, dank ihrer Beziehungen, in der Wiener Neustädter Militärakademie untergebracht. Das kostete viel Geld, doch die Kinder sollten es besser haben als ihre Mütter – und nun war alles in Gefahr ...

Barbara Gappo, Jahrgang 1770 und mit ihren 47 Jahren, die sie nicht verheimlichte, eine noch immer schöne Frau, machte sich zur Ausfahrt zurecht. Sie bürstete ihr rotblondes Haar, das sie niemals gefärbt hatte, obgleich solches Haar in Wien verspottet wurde; jetzt zeigte sich bereits viel Weiß darin, das sie auch nicht färbte. Sie ließ einen Fiaker kommen, und in ein elegantes Tailleur gekleidet, fuhr sie in die Leopoldstadt. Unterwegs dachte sie über sich und Nina nach: dumme Nina, nichts dazugelernt!

Manchmal schrieb Barbara ihre Gedanken und Erinnerungen auf, und einige dieser alten Aufzeichnungen blieben erhalten. Sie zu interpretieren, obliegt dem Leser.

»Meine Familie«, berichtet Barbara, »war keine. Ich bin in Wien zur Welt gekommen, *das* hat mir meine Mutter erlaubt, vielleicht hatte sie keine Hutnadel, oder sie hat sich gefürchtet? Oh Gott, ich habe Mädchen sterben gesehen, die die Hutnadeln angewendet haben, sie sind so elendiglich verblutet! Sie war ein Dienstmädel, wer mein Vater war, weiß ich nicht.«

»Wie die Mama tot war«, schreibt Barbara und läßt sich nicht auf Details über diesen Tod und ihre eigene Verlassenheit ein, »bin ich auf den Spittelberg gegangen. Mit 14 Jahren habe ich im »blauen Herrgott« angefangen. Ich war ein langes, zaundürres Mädel, wegen meiner roten Haare haben mich alle ausgelacht. Und ich war eine Wienerin! Das Mädel, das im »blauen Herrgott« jeden Abend gesungen hat, war eigentlich auch nicht das, was die Gäste haben wollen: ein Landmensch. Aber sie hat's so gut gemacht, die Nanni! Sie ist da vorn gestanden, hat gestampft und gejuchzt und gesungen:

»Und i bin net von Linz,
und i bin net von Enns,
I bin von Margarethen,
A Häfenkramermensch.«

Die Nanni hat mir gesagt: »Die Gäst' wollen Landmenscher, die sollen g'sünder sein als wir Stadtmenscher. Aber wann's b'soffen san, is ihnen wurscht, da tatscheln's jede.«

Barbara schreibt weiter: »Im 86er Jahr hat's eine Razzia gegeben, fast alle Frauen waren krank; SyF. Aber am Spittelberg haben wir die Syphilis ja nicht erfunden, die haben die Männer gebracht! Weil alle Frauen weg waren, hat die Gnädige Frau, die Karoline, die Nina und mich aus der Küche geholt. Die Nina war genauso mager wie ich, wir haben im »Weißen Elefanten« Zwiebeln geschnitten, weil die Spezialität im Haus war der Zwiebelrostbraten. Den Zwiebelgestank in den Kleidern und Haaren und meine brennenden und tränenden Augen hab' ich noch jahrelang gespürt, doch in der Kuchl haben mich die Mannsbilder wenigstens in Ruh' lassen, weil die Nina und ich soviel gestunken haben. Da sagt die Karolin', die sie »Busen-Karolin« genannt haben, eigentlich »Tu« – aber, ich will das nicht schreiben, da sagt die Gnädige Frau Karolin' zu ihrem Liebhaber, dem blinden Harfenisten Poldl: »Die Nina und die Wabi« – so haben sie mich genannt, »san schod für die Kuchl. Moch den Menschern a Liad: »mir san zwa oame Waisenkinder.«
Der Poldl war ein Spezialist für gefühlvolle Lieder, über die die Gäste Rotz und Wasser geweint haben, er hat den Auftrag erfüllt, er hat ja alles gemacht für die dicke Karolin', weil er gehofft hat, daß sie ihn heiratet, und dann gehört ihm der halbe Elefant. Und so haben die

Nina und ich jeden Abend gesungen, mit unseren dünnen Stimmerln und im Waisenmädchengewand:

Einen Vatern ham mir net,
und die Mutter mog uns net,
und sterben woll'n wir net,
mir san so jung.

Die Gäste haben geweint, das Lied hat so viele Strophen gehabt, eine trauriger als die andere, und am End' war der Refrain. Auch die Gnädige Frau, die Lintschi, hat geweint, aber den Poldl hat sie trotzdem nicht geheiratet, beerbt hat er sie dann freilich, aber das war viel später.«

Über Barbaras Begegnung mit Kaiser Joseph gibt es nur Bruchstücke ihres Tagebuchs, weshalb die Ichform leider durch Ergänzungen aus zeitgenössischer Literatur unterbrochen werden muß. Sie und die blonde Nina gehörten nun zu den Attraktionen im »Weißen Elefanten«; manche Chronisten nennen das Spittelberg-Lokal auch »Weißen Löwen«, sie sangen ihr Waisenkinderlied mit viel Erfolg. Doch im Hinterzimmer des Lokals fand das eigentliche Geschäft statt: die Überlassung der Ware Frau an den Käufer Mann. Die Aktricen waren von diesem Geschäft ausgenommen, für diesen Massenumsatz auf zerfledderten Lagen und Stühlen gab es ein eigenes, minderes Mädchen-Sortiment. Die Aktricen hatten sich tugendsam zu verhalten, bis Lintschi es anders anordnete. Aber das mußte schon wer Besonderer sein: »Am End' der Kaiser?« soll die blonde Nina gespöttelt haben.

Über Kaiser Joseph II., den Volkskaiser, zu dem seine Mutter Maria Theresia gesagt hatte: »Tu net soviel regieren, laß die Leut' in Ruh«, ist schon viel Papier vollgeschrieben worden, von Fachleuten angefangen, die sein heroisches Scheitern am Unverstand des »einfachen«, von ihm fälschlich »rauh, aber herzlich« bezeichneten Volkes, schildern, bis zu den Anekdotenschreibern unterschiedlichster Qualität.
Auch Joseph II. Besuch am Spittelberg wurde mehrfach beschrieben. Manchmal heißt's, er wäre auf der Suche nach einem Offizier gewesen, den ein Goldhaubenmädchen in Bann schlug, manchmal heißt's, der Kaiser wollte hören, was im »Krowotendörfl«, wie der Spittelberg nach seinen vormals kroatischen Bewohnern genannt wurde, über ihn, den Kaiser, »so geredet« wurde. Und die dicke »Busen-Karoline« vom »Weißen Elefanten« oder »Weißen Löwen«, kommt in diesen Berichten immer

vor: als Siegerin über eine Majestät, da selbst eine Majestät eigener Ordnung . . . Weder Barbara, noch Nina, oder überhaupt jemand, wußte, daß jene zwei Herren, die die Sänftenträger ins Krowotendörfl gebracht hatten, der Kaiser und sein Geheimer Kabinettskonzipist und Oberstleutnant Günther waren. Beide Herren waren »zivil« gekleidet: in Knopfröcke aus dunklem Tuch und zitronengelbe Westen, an den Beinen enge Hosen und Kniestiefel aus Juchten. Ihre militärischen Frisuren waren in Locken bis zum Nacken aufgelöst.
»Vor meinem Auftritt mit der Nina«, schreibt Barbara, »hat die Nanni ihr Häfenkramermensch gesungen. Dann ist ein Besoffener gekommen, der war nicht im Programm. Der hat gestampft und gesungen:

I bin a Roßhandla
reit oba von Enns,
hab die Rössln vertauscht
für a bluatsaubers Mensch.

Das war eine große Hetz, alle haben gelacht, wie ich mit der Nina gekommen bin, haben's dann geweint. Nachher habe ich erfahren, daß die Mali, die Kellnerin, bös' auf die zwei Knopfrockerten mit den gelben Westen war, weil sie nur das billige Mailänder Bier bestellt

haben. Wer soll denn da auf die Idee kommen, daß das der Kaiser mit seinem Geheimen ist? Wie's zu der Rauferei gekommen ist, weiß ich auch nicht. Erzählt haben's dann natürlich viel: ein Lakai der Gräfin Hallweyl soll auf den Kaiser eifersüchtig gewesen sein, weil der ihm ein Mädel ausgespannt hat, eine stille, sanfte, Marianne soll sie geheißen und sich dann umgebracht haben, weil den Kaiser, den hat sie nicht gekriegt. Der Geheime, der Günther, hat mit dem Degen dreingeschlagen, die Kerzen sind vom Tisch gefallen, der Hausknecht ist gekommen, alle haben sich dreingemischt, die dicke Karolin' ist auch gekommen. Der Geheime Kabinettskonzipist hat der Karolin' ins Ohr gesagt: »Geb' Sie acht, das ist der Kaiser!«
Die Karolin' hat auf die zwei geschaut, die nur das Mailänder Bier bestellt haben, und sie hat gesagt: »In mein' Puff bin i der Kaiser.«
Und sie haben die zwei hinausgeschmissen! Wie dann die Karolin' erfahren hat, daß es wirklich der Kaiser war, hat sie eine Tafel am Haus angebracht:

»Aus diesem Tor im Bogen
ist Kaiser Joseph geflogen.«

Die Tafel ist lang g'hängt, und nie ist wer von der Hofburg gekommen, um sich aufzuregen:

die waren gescheit, die haben die Schande ignoriert. So daß die Schand' dann auf das Wirtshaus gefallen ist: wie können die so etwas behaupten? So ein Larifari. Wär' was dran, müßt' ja wer kommen und es verbieten! Mit der Zeit ist die Tafel verwittert, und dann ist sie hinuntergefallen. Da war auch die Karolin', die Lintschi, schon tot, und der blinde Poldl hat das Wirtshaus übernommen. Auf einmal war er gar nicht mehr so blind, und da hat er die Nina drangekriegt: blöd, wie sie immer war ...«

Wer hatte Barbara Gappo das Schreiben beigebracht, wie verlief ihr weiterer Lebensweg, der ihr das Etablissement im 21. Vorort Wiens, in Neustift, eintrug?
Darüber gibt es keine Aufzeichnungen: auch wer der Vater ihrer Tochter Henriette war, die 1803 geboren wurde, wußte nur sie – soferne sie es wußte. Über ihr Etablissement, das in Allerhöchster Gunst stand, wenngleich diese Gunst häufig Kosten verursachte, da in Wien »keiner fährt, der nicht schmiert«, pflegte Barbara zu sagen: »Zu mir kommen alle, weil's Handerlhalten und Gedicht-Aufsagen für die Mannsbilder nicht genug ist. Das Bräuterl wird ang'himmelt, bei mir lebt das Volk – und die Aristokratie!« Sie liebte nur einen Menschen auf der Welt: ihre Tochter.

Barbara Gappo fuhr also am 2. April 1817 zu ihrer Freundin Nina, und diese packte eben ihre Habseligkeiten, um nach Frankreich auszuwandern. In langen Gesprächen versuchte Barbara, Nina dies auszureden. Es gelang ihr nicht, und sie kehrte voll Verdruß und Kummer über die »Dummheit des weiblichen Geschlechts« nach Neustift zurück, wo sie am Abend ankam, ahnungslos über die Tücken des Schicksals, die ihrer lauerten ...

Zum Besitz der Barbara Gappo gehörte seit einiger Zeit auch das Nachbargrundstück mit einem hübschen, langgezogenen Haus und reichem Baumbestand. Ein hohes Gitter mit stets verschlossenem Tor trennte es von der Straße, ein Gitter mit ebensolchem Tor vom Gappo-Garten mit dem dezenten Gappo-Etablissement. Die Schlüssel zu beiden Toren verwahrte Barbara selbst.

Sie liebte die noble Stille ihres »Gartenhauses«, wie sie das gelbgestrichene Gebäude aus fürstlichem Besitz in schlichter Untertreibung nannte, und sie hatte die gediegene Einrichtung der elf Zimmer durch ein Cembalo im zehnten Zimmer vervollständigt: wenn sie sich zurückzog vom Geschäft, würde sie auf diesem Cembalo spielen! Ihr Lehrer konnte einer der vielen Musikmenschen sein, die das Etablissement besuchten, aber nein, von Männern würde sie dann genug haben. Henriette, die in der teuren Klosterschule alles erlernte, was sie, Barbara, in ihrer elenden Kindheit nicht lernen konnte, würde der Mutter auch das Spielen auf den weißen und schwarzen Tasten beibringen, das sie derzeit noch nicht konnte, – oh, Henriette, du mein Engerl, ich arbeite nur für dich, und nie darfst du erfahren, woher unser Wohlstand kommt!

Henriette, nunmehr 14 Jahre alt, wuchs im Niederösterreichischen auf, zweimal jährlich von der Mutter besucht. Eine schwere Erkrankung im Frühjahr 1817 veranlaßte Barbara, die sich zum Sterben fühlte, das Mädchen zu sich zu rufen. Barbara haßte ihren Leib, dessen Verfall sie zwang, die Erbin aus der Ordnung des Klosterlebens zu reißen: es war bereits ein Notar bestellt, gut genug honoriert, um Henriette die Erbschaft, doch nicht deren Voraussetzungen, bekanntzugeben.
Die Anwesenheit Henriettes im Gartenhaus schien jedoch ein Wunder zu bewirken: Barbara gesundete überraschend. Es wäre nun angebracht gewesen, Henriette wieder in die Klosterschule zu schicken, doch das langaufgeschossene Mädchen, das ein Kinderleben lang die Mutter entbehren hatte müssen, bat so in-

ständig darum, noch bleiben zu dürfen, daß Barbara nachgab: die Gittertore waren ja verschlossen, und ein strenges Verbot, im Park spazieren zu gehen, schützte Henriette vor Kontakten mit der Außenwelt und dem Etablissement.

Henriette, die nach ihrem Vater geriet – Barbara schwankte da zwischen einem ungarischen Grafen und einem Kellner vom Seitzerhof, beide von bräunlicher Seidenhäutigkeit –, zeigte aber auch mütterliche Erbfaktoren: schlanken Wuchs, gerade Stirn, blaugrüne Augen und, leider, rote Haare. In einer Zeit der Blondinen eine miserable Laune der Natur! »Trag immer einen Schleier«, mahnte Barbara die Tochter, »am besten hellblau«.

Mit einem hellblauen Schleier, denn den Makel der roten Haare empfand Henriette seit langem von selbst, übertrat sie an einem sonnigen Frühlingsmorgen das mütterliche Gebot und ging im Park spazieren.

Es wehte ein starker Wind, wie er für Wien typisch ist, und als Henriette bis zum Gittertor kam, das das Anwesen von der Straße abschloß, riß ihr der Wind den sorglos geknoteten Schleier vom Haar. Er wehte ihn auf eine Gitterspitze, in der er sich verfing.

Henriette, im Hauskleid und die rotblonden

Stoppelzieherlocken nunmehr arg vom Wind zerzaust, schaute auf die Gitterspitze mit ihrem Schleier. Da hinaufzusteigen, war höchst unschicklich, auch wenn sie niemand sah: im Kloster hatte sie schickliches Benehmen erlernt. Da löste sich von der anderen Seite des Gitters die Gestalt eines jungen Mannes. Er stieg hinauf und holte den Schleier herunter. Ihn zwischen seinen Handflächen darbietend, steckte er den Schleier durch die Gitterstäbe.

Er war elegant gekleidet, vielleicht 19 oder 20 Jahre alt, er lächelte schüchtern. Seine Finger mit dem Schleier dazwischen waren wohlgepflegt und schmal. Henriette zog den Schleier an sich und band ihn über Haar und Gesicht.

»Das sollten Demoiselle nicht tun«, sagte der junge Mann.

»Solche Haare«, sagte Henriette, »muß man verstecken.«

Sie wandte sich zum Gehen. »In solchen Haaren ist die Sonne«, sagte der junge Mann.

Aber da war Henriette schon zwischen den Bäumen verschwunden.

Er hatte blaue Augen, er sah sehr nett aus, er stand auch nachmittags am Gitter, als Henriette wieder im Park spazierte – Mama hatte sagen lassen, sie würde erst abends kommen. Henriettes Locken waren frisch eingedreht, sie trug ein

hübsches blaues Kleid und ihren Schleier hielt sie in der Hand. Der junge Mann grüßte und hielt einen Strauß Margeriten zwischen die Gitterstäbe: »Pour vous, mademoiselle«, sagte er, »des fleurs modestes pour la plus belle fleur.« Henriette, die kein Französisch verstand, lächelte verlegen, doch da die Margeriten die Köpfe hängen ließen, nahm sie den Strauß: es war ihr erster aus der Hand eines Mannes, und ein paar Margeriten würde sie trocknen und als Lesezeichen in ihr Lieblingsbuch stecken, obgleich sie kein Lesezeichen für »Werthers Leiden« brauchte, denn sie kannte das Buch auswendig. Sie hätte in der spontanen Art der Gappos nun gern gefragt, ob der Fremde »Werthers Leiden« ebenso liebe wie sie, doch im Kloster hatte man ihr schickliches Betragen beigebracht und es schickte sich gewiß nicht, einen fremden Mann nach einem Liebesroman zu befragen: daß sie hier am Gitter stand, war sicherlich bereits zuviel. Da sagte der junge Mann: »Ich heiße Fritz, denn Friedrich Wilhelm wird der Demoiselle zu preußisch klingen. Plettenburg«, er verneigte sich, »die Nebenlinie«, er lachte. »Doch ich darf bei meinem berühmten Onkel im Palais wohnen, solange ich nicht seine alten Klaviere zu sehr strapaziere.«
Sollte sie jetzt sagen, daß sie Henriette hieß? Während sie überlegte, hörte sie hinter sich

Schritte auf dem Kies. Sie drehte sich erschreckt um. Es war aber nicht Mama; zwischen den Birken beim Hauseingang kam ein fremder, ältlicher Herr in dunkler Kleidung hervor, der seinen Hut lüftete, dann aber kehrt machte und den schmalen Weg durch den Park zurückging: diesen Weg zum zweiten, sehr geheimen Tor, zu dem jemals zu gehen, Mama ihr streng verboten hatte. Der Fremde kam Henriette unheimlich vor, und als sie gegen Abend wieder am Gitter stand, fühlte sie den Alten zwischen den Bäumen, lange ehe sie ihn dann wirklich sah: nach dem Geplauder mit Fritz, der sie, zu ihrem Erröten, gefragt hatte: »Muß ein Preuße übers Gitter klettern, um einer schönen Wienerin einen Blumenstrauß und sich selbst zu Füßen zu legen? Oder gibt es einen geheimen Zugang für uns?« Er hatte einen Strauß verschiedenfarbiger Rosen durchs Gitter gereicht, den Henriette nahm und an sich drückte, dann aber zum Haus lief, da sie Gefahr fühlte.
Beim Eingang stand der Alte, lüftete wieder seinen Hut und sagte: »Die Demoiselle empfängt den Grafen sehr einfach im Garten, wenn Graf Plettenberg die Gitterstangen links beim Tor herauszieht: die Stangen sind zerlegbar.«

Es war jedoch nicht nötig, Fritz dies mitzuteilen, er schien dem Geheimnis selbst auf die Spur gekommen zu sein: als Henriette am späteren Abend vors Haus trat, um der Nachtigall zu lauschen, deren süßer Gesang durch die offenen Fenster zu ihr wie ein Lockruf gedrungen war, saß Fritz auf der Bank unter der Linde unweit des Hauses und setzte eine so schuldbewußte Miene auf, daß sie lachen mußte. Sie stand neben ihm, der sich erhoben hatte, sie schaute zum Himmel, an dem zwischen Wolken die Mondsichel hervorlugte, und sie wäre gerne noch lange so mit ihm gestanden, doch Fritz schob plötzlich seine rechte Hand vor und sagte kopfschüttelnd: »Regentropfen.« Henriette meinte, sie fühle keine Regentropfen, sah aber die Mondsichel hinter den Wolken verschwinden, und die Nachtigall sang auch nicht mehr. Als kurz darauf der Regen niederprasselte, meinte Fritz, er müsse jetzt wohl gehen, folgte aber Henriette ins Haus. In Barbara Gappos zehntem Zimmer, in dem das Cembalo stand und »Werthers Leiden« auf dem Tischchen lagen, nahm Henriette verlegen das Buch und reichte es Fritz, der nickte: »An der Liebe sterben«, sagte er, »kein schönerer Tod. Doch fehlt uns Deutschen« ... Was fehlte, sagte er nicht, fing aber plötzlich zu deklamieren an:

»Iseult la blonde, Iseult m'amie,
en vous ma mort, en vous ma vie!«

Er legte »Werthers Leiden« auf das Tischchen zurück und sagte: »Alona Tristan! merihl alona!«*

Da Henriette ihn verständnislos ansah, sagte er: »Ich komponiere. Darf ich Ihnen meine Variationen zu Tristan und Isolde vorspielen?«

Er setzte sich ans Cembalo, und Henriette hörte Musik, die ihr gefiel und Worte, die sie nicht verstand. Als er aufhörte, sagte sie: »Im Kloster lernen wir Krankenpflege, Hauswirtschaft und schickliches Benehmen.« »In den Klöstern«, sagte Fritz, »wissen sie sonst recht gut, was Liebe ist.« Er nahm Henriettes Hand. »Hast du nie von Tristan und Isolde gehört?« fragte er.

»Wir lernen erst ab 15 Französisch«, sagte Henriette, »wenn das französisch war? Wer ist Tristan und Isolde?«

Fritz küßte ihre Hand langsam bis zum Ellbogen. »Dich konnte kein Kloster zerstören«, sagte er, »und mich nicht die Kadettenanstalt. Ich werde dich entführen ...« Sein Mund suchte den Henriettes, als sich die Türe öffnete: Mama und der fremde Alte traten ein.

Barbara war zutiefst verärgert über den Polizeipräfekten von Wien, der ihr – wieder einmal –

---

* gälisch, etwa: Tristan, Liebster meiner Seele.

eine seiner »alten Läuse« ins Haus geschickt hatte (wie sie die diversen Hofräte nannte, die der »Allerhöchste« zu entsenden pflegte), um sie 1. an ihre Konfidententätigkeit zu gemahnen, und 2., woran dem alten Genießer noch viel mehr lag, um »frische Ware« für diverse wichtige Aspiranten, am meisten aber für den Polizeichef selber, geliefert zu erhalten.
Geliefert oder in Extrazimmern harrend: das Problem war, daß Barbaras Zugänge im Etablissement nie richtige »frische Ware« darstellten, mochten die Mädchen auch jung sein: Jungfrauen waren sie nie, und die Tricks, aus diesen durch frühes Elend verkommenen Zugängen Jungfrauen zu zaubern, kannte der Polizeichef! Aber woher echte Jungfrauen oder zumindest »halberte«, wie der Polizeichef verlange, Mädchen, die der »Reif der Liebe gerade nur streifte«, nehmen?
Nun hatte aber diese »Laus« des Polizeichefs, dieser Hofrat Wessely, wenn er wirklich so hieß, durch niederträchtiges Spionieren in ihrem Park herausbekommen, daß im Gartenhaus ein fremdes junges Mädchen logierte. Barbara hatte ihre Wut, der Angst beigemengt war, bezwungen, und sie hatte weitschweifig erklärt, daß dieses Mädchen aus dem Etablissement ihrer Freundin stamme und eine galante Krankheit auskurieren müsse. Der Hofrat hatte ge-

dankenvoll genickt: mit den Töchtern hätte man es immer schwer, meinte er, da zahle man teures Geld in der Klosterschule, damit sie sittliches Betragen erlernten, und dann schleppten sie ihre Liebhaber heimlich ins Haus! Barbara schluckte: hatte Henriette ihre Abwesenheit ausgenützt? Aber nein, Wessely bluffte, Henriette war ein Kind und engelrein! Gedankenvoll fortfahrend meinte Wessely, fatal wär's freilich, müsse der Liebhaber des Töchterchens, Graf Plettenburg, erfahren, daß – und er hatte Barbaras Hand erfaßt und ihr mitleidsvoll in die weit aufgerissenen Augen gesehen –, »die Heny halt Ihre Tochter ist, liebste Barbara« ...

Es war Barbara nicht gelungen, diese Hand abzuschütteln, es hatte sie wohl ihre sonstige Kaltblütigkeit verlassen: Henny, mein Engel, was geschieht mit dir? Sie lief, mehr als sie ging, durch den Park, Wessely lief hinter ihr, sie sperrte das Gittertor auf und rannte zum Haus. Schweratmend trat sie ins zehnte Zimmer ein, Wessely wie einen Blutegel empfindend, der sich mit ihrer Verzweiflung vollsog. Da saß Henny, ihr Klosterkind, und ein Mann, ihr sehr nahe, richtete sich auf. Hennys Gesicht war rot: schämst du dich, Kind, für das ich dieses elende Leben ertrage, damit du's besser hast? Der junge Mann sprang von seinem Sessel auf, schlug die Haken zusammen – es war grotesk:

so grüßte ein Graf Plettenburg sie – wenn er überhaupt der Graf Plettenburg war . . . »Frau Gappo«, sagte er, »Freunde wollten mich in Ihr Etablissement mitnehmen, es hat einen ausgezeichneten Ruf, aber ich blieb an Ihrem Gitter stehen. Sie haben eine entzückende Tochter.«
In die Pause eisigen Schweigens, die nun folgte, mengte sich der Hofrat ein. »Wessely«, sagte er, mit einer Verbeugung. Und dann setzte er hinzu: »Die Demoiselle und Frau Gappo sind sehr müde.«
»Ich möchte nicht länger stören«, erwiderte Plettenburg.
»Ich bringe Sie hinaus«, sagte Wessely.

Barbara sagte mühsam: »Du bist zu jung, Henny, die Männer sind noch nichts für dich«, sie verstummte voll Scham: das waren die Worte ihres Metiers, wie sah es für die Mädchen aus, die sie nicht kannte, die AHNUNGSLOSEN? Da saß ihr Klosterkind und hielt die Augen gesenkt: gab's Liebe für ein so unschuldiges Kind, Liebe, wie sie, Barbara, sie nie kennengelernt hatte? Und hast du jetzt begriffen, du mein Kind, woher mein Geld für deine Schule stammt – Barbara riß sich zusammen. »Morgen fährst du zurück ins Kloster«, sagte sie
Sie lief aus dem Zimmer und hetzte hinüber ins Etablissement. Im Kontor saß Wessely.

»Frau Gappo«, sagte er, »unsere Lage ist wirklich schwer«, er seufzte.
Barbara beschloß, nur mehr zu horchen. Sie setzte sich Wessely gegenüber und sah an ihm vorbei. »Barbara«, fuhr Wessely fort, »Ihre Tochter ist so schön wie Sie, in Ihren besten Tagen.« Er verbeugte sich in seinem Sessel: warum konnte sie ihm nicht den Hals umdrehen? »Aber was«, sagte Wessely, gedankenvoll, »haben Sie sich vorgestellt, was aus dem Mädchen werden soll?«
Barbara schwieg. »Das Kloster«, sagte Wessely, »ist solide, sie lernt aber zuwenig: weder französisch parlieren, noch auf dem Cembalo spielen, das in Ihrem Gartenhaus steht. Das ist ungenügend für die Mätresse eines adeligen Herrn.
Ihre Tochter braucht eine sorgfältige Erziehung. Da Ihr Etablissement«, er nickte sorgenvoll, »auf Allerhöchsten Beschluß gesperrt werden muß . . .«
Die Laus wollte sie erschrecken: Barbaras Etablissement stand in höchster Gunst. Obgleich man natürlich nie wissen konnte . . . »Barbara«, sagte Wessely, »Ihre Tochter ist ein Vermögen wert. Für ein paar tausend Gulden – und die Verlängerung Ihrer Konzession – brauchte sie nur auf einem Allerhöchsten Rücken zu reiten, Sie wissen, der Fürst Ypsilanti macht gerne das

Pferd, sie muß da nur sitzen und ihm die Sporen geben . . .« Barbara schwieg. »Der Herzog . . .« Wessely flüsterte den Namen, »zahlt auch Tausende für eine Jungfrau.«
Er schaute Barbara forschend an, die seinen Blick nicht erwiderte. »No«, sagte Wessely, »ein bisserl Peitschen, was ist das schon? Die Jungfernschaft bleibt.«
Barbaras Vorsatz, zu schweigen, brach. »Du Laus«, sagte sie, »dem Ypsilanti und dem Herzog habe ich meine besten Mädchen geliefert, aber beim Peitschen und Reiten ist's nicht geblieben! Wer hat die Fanny und die Josepha angesteckt? Am End' der Polizeichef selber oder DU?«
Nun drohte Wessely, Barbara an den Pranger zu stellen: »Ich bin eine elende Kupplerin«, sollte auf ihrer Magentafel stehen, und Wessely würde Henriette an ihrer so schimpflich zur Schau gestellten Mutter vorüberführen. »Nur das nicht!« schrie Barbara auf, »ich bin mit allem einverstanden.«

Doch nahm die Geschichte ein anderes Ende: Henriette Gappo kehrte nicht in die Klosterschule zurück, verblieb auch nicht im Gartenhaus: sie entwich und fragte sich zum Plettenburg-Palais durch. Sie war erst 14 Jahre alt, sie war rothaarig und konnte weder Französisch noch Cembalo spielen; ob sie beides je erlernte, ist ungewiß. Sicher ist aber, daß sie mit ihrem »Preußen« in dessen Heimat fuhr und daß Barbara Gappo mehr als dies nie von ihrer Tochter erfuhr: ein Mütterlos früherer Zeiten, wie es mitunter auch Müttern unserer Zeit widerfährt.

Chronique Scandaleuse

Eleonore, Baronin Thierry, übersiedelte im Sommer 1814 mit ihrem Mann von Wien nach Petersburg, wo der Baron als Attaché an der portugiesischen Botschaft beschäftigt war. In Privatbesitz befinden sich einige Briefschaften aus dem Nachlaß der Baronin, die uns liebenswürdigerweise zur Verfügung gestellt wurden und die auf eine rege Korrespondenz »Loris« mit einer Wiener Freundin namens Marie-Sophie – mehr wissen wir nicht über die Schreiberin – schließen lassen. 1817 dürften Baron und Baronin Thierry nach Wien zurückgekehrt sein. Marie-Sophies Briefe, die eine amüsante »chronique scandaleuse« Wiener Begebenheiten der Zeit darstellen, wurden der besseren Verständlichkeit halber soweit modernisiert, daß die Lektüre heutigen Lesern keine Mühe macht und der Reiz damaliger Ausdrucksform doch gewahrt blieb.

Wien, zwischen dem 14. und 18. Dezember 1814

Ma tres̀ chère Lori!

Es macht mich sehr froh, daß es Dir in Petersburg zum gefallen anfangt! Gantz bestimmt werde ich Dir schreiben, so oft ich kann, damit

Du weißt, was in Wien so passiert! Der letzte, viel belachte Skandal in unserer chronique scandaleuse ist die affaire Walderode – erinnerst Dich an die Gräfin Walderode? Jeanne, la merveilleuse, hat sie der alte Prinz de Ligne genannt – er ist übrigens toth und gantz in seinem Stil gestorben: zwei Stunden hatt er in der Vertiefung eines Bollkwerkes auf dem Wall in der Kälten gewartet, in einen weißen Mantel gehüllt, so daß er ausgesehen haben soll wie Hamlets Geist; die Schönheit, die ihn auf das zugige Rendezvous-Platzl bestellt hat, ist aber nicht erschienen, no ja, er war schon 79, da tummelt sich Eine nicht mehr so in die Arme des Verehrers! Er kehrte als Eiszapfen heim, Lungenentzündung. Die Familie und Freunde sind um sein Bett gesessen, seine Frau hatt bitterlich geweint, obwohl sie kein schönes Leben mit ihm gehabt hatt, immer Weiberg'schichten und zu wenig Geld daheim. Die Gräfin Bernstorff erzählt über seine letzten Stunden, daß er gerührt zu seiner weinenden Frau gesagt hat: »Ah, voilà le perroquet qui pleure, pauvre perroquet!«* Wenn ich mir vorstelle, daß mein Carl-Joseph mich in seiner Sterbstund' einen Paperl nennt? Aber, bei den Franzosen ist es vielleicht anders!

* »Ah, der Papagei weint: armer Pagagei!«

Aber jetzt ist er ja toth, der rosarote Prinz, Gott sei ihm gnädig, Amen.
Die Walderode, ich schätzte sie auf vierzig, da sie seit 18 Jahren ihren 20. Geburtstag feiert, zuletzt nur im Familienkreis – sie hatt eine Tochter, die vom Baron Mengen oder vom Gentz oder vom Narbonne stammen soll, vielleicht auch vom Metternich, es könnte aber auch der Bankier Geymüller gewesen sein, die Johanna war finanziell und politisch immer sehr thätig –, ist jetzt nach Böhmen abgeschoben worden. Wegen der Affair', über die gantz Wien lacht! Der Dumme ist ein Baron Revay, den ich nicht kenne, ein fetter Magyar mit Athemnoth und sagenhaft viel Geld und Latifundien im Ungarland.
Die Affair' mit der schönen Johanna Walderode hatt im Salon der Herzogin von Sagan angefangen, da ist das magyarische Magnatl so abwartend herumg'standen, auf einmal fallt neben ihm ein Fächer auf die Erden. Er bückt sich, gantz Cavalier, seine Hose, oh je, kracht in der Nahth, also knieth er sich nieder, aber es hilft ihm nichts, die Hosennath platzt, und so bleibt er halt auf den Knieen und halt den Fächer in die Höh'. Den hatt die Johanna fallen lassen, gantz zufällig natürlich, da sie das Magnatl ja gar nicht kennt, aber sie, die Gräfin Desfours-Walderode, ist in ihrer Finanzlage ein bissl

schwer dran, und das Magnatl riecht von der Weiten nach Geld.
Er darf aufstehen und sich die Hosen nähen lassen, dann wird Süßholtz geraspelt, die Johanna ist ja noch immer eine beautée, feurig bedrängt sie das Ungarland! Johanna wehrt ab, wie halt eine Schlangen das Mauserl abwehrt, das sie fressen will. In der Früh vermißt das Mauserl (der Baron) seine brillantenbesetzte Schnupftabakdose. Weil das Mauserl diesen Umstand für ein Zeichen hälth, schreibt's stantepeh ein Billet an die Gräfin, daß es sich nichts mehr ersehnt, als mit ihr aus seines Papas Tabaksdose zu schnupfen! Und der Revay, dem die Luft schon beim Stiegensteigen ausgeht, darf kommen, obgleich die Gräfin justement an einem Fieberanfall darniederliegt! Sie empfängt ihn, wie Fieberkranke eben gekleidet sind, im hauchdünnen Kleidl, böse Zungen nennen das ein Hemd, er fühlt ihr den Puls, statt seinen zu fühlen! Die Zofe kömmt nicht, da die Gräfin nach ihr läuthet, ach Ungarland! Noch mit 60 Jahren und mit Athemnoth sind die Magyaren feurige Cavaliere! Johanna, die wohl in der Anzahl auf ein Regiment von Liebhabern zurückblicken darf, kann der magyrischen Attacke nicht widerstehen! Für den Revay fing damit ein spättes Glück an, das er mit kostbaren Geschenken festigte.

Aber Jeanne, la merveilleuse, wie der gottselige de Ligne sie nannte, ist nicht so leicht zufrieden. Sie begibt sich auf den Graben, in ein Juweliergeschäft, sie begehrt, den Besitzer zu sprechen. Sie vertrauth ihm an, in diskreten Belangen zu kömmen: eine Dame höchster Kreise, pst, pst, kein Name, möchte sich für eine allerhöchste Festlichkeit das Halsband ausleihen, welches die Auslage des Juweliers ziert: eine wunderschöne Arbeit! Als Bürgen für das Wunderwerk aus Diamanten, Smaragden und Perlen nannte die Gräfin den Baron Paul Revay.
Der geschmeichelte Juwelier überließ der Gräfin das Halsband zu treuen Händen für die höchstgestellte Dame – doch auf der Festivität trug niemand anderer als die Gräfin Walderode das Halsband, und ihr Liebhaber Revay genoß die Bewunderung, die der so Geschmückten erbracht wurde, noch mehr als sie selbst.
Ein entsetzlicher Zwischenfall, der gegen Ende der Festivität bei Hof erfolgte, ließ die Polizei herbeieilen: die Gräfin Walderode, müde vom Tanzen und der Bewunderung, wollte heimfahren, wurde aber im Stiegenhaus von unbekannten Täthern überfallen. Aus einer kleinen Halswunde bluthend, erklärte die Gräfin, daß ihr das Halsband gestohlen worden sei. Glücklicherweise wurde die Wunde als harmlos festgestellt, aber das Halsband fehlte! Baron Revay,

angesichts dieses Jammers, äußerte seine Bereitschaft, für den Schaden aufzukommen.
Ach, diese Wiener Polizei! Man möcht's nicht glauben, die gab doch keine Ruhe – die suchte am nächsten Tag doch in der Wohnung Johannas nach dem Halsbandl, und, wie's der Teufel will, sie fanden's!
Das Magnatl ist heimg'fahren auf die Latifundien, und die Walderode ist auf Allerhöchsten Befehl nach Böhmen abgeschoben worden. So geht's halt zu in Wien – was macht Deine Maria Antonia? Zu ihrem 16. Geburtstag schicke ich ihr alle meine Wünsche, paß nur auf auf sie, die Männer sind auch in Petersburg gefährlich! Meine Pauline, die doch erst 15 ist, hatt mir vom Wrbna vorgeschwärmt, erinnerst Dich an ihn? Husarenrittmeister, jetzt grad 30 Jahre, es könnte mir recht sein. Ich umarme Dich, Lori,

Deine Marie-Sophie

Wien, im Mai 1816

Lori, Du meine allerliebste Eintzige!

Wenn Deine Maria-Antonia den alten Fürsten heiraten möchte, sei nur nicht dagegen! Er ist doch sagenhaft reich! Hörth es bei den alten Ehemännern auf, fangen die jungen Gemahlinnen ja erst zu leben an! Meine Pauline mit dem jungen Wrbna macht mir Besorgnis, da er nur um 15 Jahre älter ist als sie. Da wird sie vielleicht zu früh auf den Geschmack kommen! Ich habe ihr wohl beigebracht, daß die Ehe nur Pflicht ist, kein Vergnügen, doch wenn der Wrbna so lacht mitt seinen schönen Zähnen, wird mir angst und bang. Sie sind jetzt verlobt und werden im nächsten Jahr heirathen. Aber nun sollst Du nicht länger warten auf unsere chronique; Lori, von der Flora Wrbna erfuhr ich heut' die allerneueste Skandalg'schicht', die das ravissanteste ist, das in letzter Zeit passiert! Es fängt viel früher an, in welchem Vororte weiß die Flora nicht, wie die beauté, um die sich's dreht, mit dem Vornamen heißt, weiß sie auch nicht, sie glaubt Toni. Ihr Vater ist jedenfalls der kaiserliche Büchsenspanner Josef Strasser. Die Toni soll 16 Jahre und so ein süßes blondes Kind sein, daß im Gewürtzladen ihrer Mutter die feinsten Cavaliere den Majoran sackweis' einkaufen, wenn die Toni hinter der Budel steht, und der Hofadvokat Felix Sinsheimer, dem der Docktor eine saltzlose Kost verschrieb, soll sich nacheinand' das gantze alte Faßl mit g'salzenen Sardellen heimgetragen haben, kleinweis', um oft kömmen zu können, und weil er so sparsam ist!

Die Toni hatt sich aber aus der Verehrung der

Mannsbilder nichts gemacht, sie war die Tugend selber, wie eine Königin ist sie hinter der Budel gestanden, und weil der verliebte Sinsheimer mit seinen kleinweis' gekauften Sardellen so eine komische Figur gemacht hatt, bekam sie den Spitznamen Sardellenkönigin. Aber wie die Marie, meine Köchin, immer sagt:
»Alle Mädchen dieser Erden
möchten gerne Frauen werden«,
muß die kleine Toni doch ... Lori, auf die Töchter kann man nicht genug aufpassen!
Es heißt, daß die Toni öfters am Abendt zu einer alten Tante im Gumpendorff gefahren ist, die sie pflegt, der Mutter war's recht.
Der Skandal hatt so angefangen: eines Morgens lag in der Rofranogassen wieder einer da, wie ein Tother, sie können das Duellieren ja nicht lassen, obgleich es der Kaiser verboten hatt! Und wer war's, der dorthen lag und aus einer Brustwunde blutheth? Der Sinsheimer, dermalen ohne Sardellen! Toth war er nicht, und so mußte er reden. Er hatt der Polizey gesagt, sein Gegner war der Baron Hartlieb und es ist um die Toni gegangen. Die Toni sagte zur Polizey, daß sie den Hartlieb überhaupt nicht kennt, und der Sinsheimer ist nur ein Kunde aus dem Gewürtzladen. Der Hartlieb, gantz Ehrenmann, er ist ja auch mit einer Lucchesini verlobt, hatt eine Wuth auf den Sinsheimer, weil

der die Toni hineingezogen, und er sagte zur Polizey, der Sinsheimer und er hätten eine Spielaffair' ausgetragen.
Der Sinsheimer, ma foi, créature misérable ist noch das mildeste vocable für diesen Dennunciant! ließ nicht nach. Die Toni hatt nie zugegeben, daß sie und der Hartlieb . . . er auch nicht, und der Sinsheimer mit seiner Sparsamkeit sagte sie, war ihr immer zu alt und zu schäbig. Sinsheimer beschrieb aber das Haus in Gumpendorff, wo gar keine alte Tante wohnt, und er beschrieb auch ein Rubinhalsband, das er der Toni geschenkt hat, 36 Steine, eine brillantene Schließe.
In Gumpendorff fandt sich das Halsband, und es fandt sich auch sonst Schmuck, die Flora sagt, superbe Stücke. Irgendwie ist die Sache unter die Leut' gekommen, und man hatt zuerst die Nase gerümpfft, weil ein Duell wegen so einem Vorstadtmädel, das ist für Herren von Stand eher genant. Wie aber die Rede vom Schmuck wurde, hat man's pikant gefunden; wer schenkt Brillanten, und was muß an so einer Person alles dran sein, die tuth, als könnte sie nicht bis drei zählen? Mais Toni, la petite orgueilleuse, konnte sogar bis vier zählen, und deshalb wird die Affair' jetzt ravissant. Die demoiselle Sardellenkönigin weigerte sich, den Polizeyunterläufeln weiterhin Rede und Ant-

worth zu stehen und verlangte den Polizeipräsidenten zu sprechen!
Lori! Die Sache ist nach dem Gespräch sofort beendet worden. Aber herausgekommen ist's, und alles lacht, weil die Toni als Juwelenspender Nummer drei und vier unseren lieben Klemens Metternich und seinen Bengel von Sohn nannte! Wobei Klemens, der ja über die vierzig ist, wesentlich mehr an äußerlichen Werten spendete, als der Bub, der ja dafür Jugend einbrachte ... Aber wie die Toni mit ihren 16 Jahren die beiden Metterniche, den Hartlieb UND den Sinsheimer dirigierte, wo doch die Mama aufpaßte? Lori, diese Mädchen von Heute sind ein Rätsel! Bei den niederen Leuten, zu denen der Strasser und seine Frau gehören, mag's wohl sein, daß sie dem Mädel die Mauer gemacht haben, so daß die Toni mit ihren diversen Liebhabern abpaschen konnte, wie sich's am besten ergab, denn so ein Mädel muß an die Zukunft denken, und der Laden gehört renoviert, wozu's den braven Alten rundherum fehlt. Wenn die Toni die Pretiosen verkauft, kann sie den Gewürtzladen renovieren und einen braven Mann heirathen, und die Fürstin Metternich, die jetzt Gift und Galle spuckt, weil ihr Klemens und ihr Bub dieselbe Mätresse haben, kann Taufpatin des ersten Kindes von der Toni sein! Wem es wohl ähnlich schauen

wird? Ich habe einmal eine Geschichte von einer Frau gehört, die sich mit einem Schwartzen einließ und später einen ihrer Cousins heirathete. Ihr erstes Kind war schwartz. Frühere Lieben schlagen wohl durch, und wenn der Toni ihr Kind ausschaut wie Klemens Metternich, kann sie zufrieden sein! Aber Schluß für heute, bald mehr,

Deine Marie-Sophie

Ma Très Chère Lori!

Wien, im August

Reichsgraf Maximilian Friedrich Plettenberg und seine Frau Maria Josephine sind wohl das rührendste Liebespaar von Wien – ihre Tragik ist, daß ihre Liebe unter einer Zeithverschiebung leidet, und ist nicht die Zeith der schlimmst Feind des Menschen? Es ging so mit ihnen zu: noch keine 23 Jahre alt, floß dem schönen Maximilian eine Erbschaft größten Ausmaßes zu, deren Zinsen er fortan auf Reiseabentheuer und solche im Reiche der Gefühle verwandte. In seinem 25. Jahr kam er nach Wien und entzündete hier die Flammen der Leidenschaft. Eines Morgens fand sich sein Haushofmeister bei ihm ein und erinnerte ihn, der sich lachend die Ohren zuhielt, vermeinte der schöne Maximilian doch, wieder eine Moralpredigt anhören zu müssen, an eine Testamentsklausel: der verstorbene Onkel hatt seinem Erben auferlegt, vor seiner Majorennitäth zu heirathen, selbstverständlich eine junge Dame von Stand. Da Maximilian in 4 Monaten 25 Jahre alt sein würde, müsse er jetzt schleunigst auf Brautschau gehen, sonst verlöre er sämtliche Rechte an der Plettenbergschen Erbschaft! Max, dessen Hände längst von den Ohren hinuntergeglitten waren, beruhigte den Haushofmeister, der ja auch um seine eigenen

Einkünfte besorgt war, und nun wurden Kundschafter ausgesandt, die bald eine Braut ausfindig machten: Maria Josephine von Gallenberg, die Schwester der Gräfin Fuchs. Diese aus altem Adel stammende Dame besaß so wenig Vermögen und war mit ihren 14 Jahren so jung, daß die Familie eine Verbindung mit den Plettenbergs begrüßte, ersparte sie doch weitere Erziehungskosten und sicherte der in einem Kloster in Neustadt aufwachsenden Maria-Josephine eine sorgenfreie Zukunft. Max reiste nach Neustadt und wurde von der Familie vorgestellt: Maria, schön wie ein Engel, das ist sie ja noch heute, obgleich auch bereits 30 Jahre, hätte wahrscheinlich auch einem weniger attrahierenden Bewerber ihr Jawort gegeben, wie jede Frau verstehen wird, die in einem tristen Kloster erzogen wurde – aber dieser Plettenberg war jung, elegant und charmant! Das arme Kind verliebte sich vom ersten Moment an in ihn und sah den Himmel auf Erden vor sich, während Max in ihr nur das Mittel zum Zweck sah, die Erbschaft zu sichern.

Nach der prunkvollen Hochzeit nahm Max sein gewohntes Vergnügungsleben wieder auf, und Maria verblieb bei Mama und einer Gouvernante – sie war wieder ein Kind ... Die junge Reichsgräfin, die ihren Mann vergötterte, in kindlicher Mühe auch versuchte, den Verwöhnten zu gewinnen, mußte viele Demütigungen ertragen, da ihr Gemahl ihr jeden Kittel vorzog, so daß sie schließlich, noch keine 18 Jahre alt, ihn bat, sich auf seine Güter in Böhmen begeben zu dürfen. Dort vertrauerte sie ihre schönsten Frauenjahre: eine Witwe mit den Pflichten einer Ehefrau zu Treue und Gehorsam. Ihre Verbitterung machte mit den Jahren einer milden Resignation Platz, so daß sie sich der Wohlthätigkeit auf den Gütern überließ.

Max reiste indessen in der Welt umher und genoß das Leben.

So vergingen mehr als 10 Jahre, und es mag wohl Überdruß gewesen sein, Gelangweiltheit von Abentheuern und Frauengunst, daß er sich der Heimath entsann – er kehrte zurück. Er sah seine Gemahlin wieder: gereift, aber noch immer schön wie ein Engel, und dieser Engel gehörte ihm! Aber nun setzte die tragische Zeitverschiebung ein, an der die Plettenbergs bis heute leiden: Maria Josephine hatte ihre Liebe begraben, und Max, den Leidenschaft für sie ergriff, vermochte die Liebe nicht auferstehen zu lassen! Er muß wohl ehrlich bereut haben, was er seinem Engel angethan, aber der Engel hatte zu schwere Blessuren erlitten! Max reiste mit seinem gnadenlosen Engel nach Wien, hoffend, bei glänzenden Festen und durch seine Anbetung ihr Wohlgefallen zu gewinnen, doch der Engel blieb kalt ... Max benimmt sich wie ein Verrückter: er trägt ständig Acçessoires seiner Gemahlin mit sich herum, Handschuhe, selbst Taschentücher, die ihr Näschen benützte – über einen ihrer Shawls machte er ein Gedicht. Eifersüchtig wie ein Türke, der jeden mit Blicken durchbohrt, der sich seiner Gemahlin auf das Entfernteste näherth, bleibt sein Ehebett trotzdem verschmähth von Maria Josephine, die offenbar gantz zum Engel geworden ist – Liebste, ich beende nun mein Schreiben, ist's wahr, was Du mir im letzten Brief mitgeteilt hast, daß Ihr doch nach Wien zurückkehren werdet? Es umarmt Dich, voll Hoffnung, Dir nicht mehr schreiben zu müssen, sondern Dich hier zu haben, Deine

Marie-Sophie

Wien, im Mai 1816

Ma chère Lori!

Wien hat wieder einmal seinen Skandal – und das Personal vom Gasthof »Zur Kaiserin von Österreich« sein Trinkgeld: die Leut' rennen hin und fragen die Kellner und die Stubenmädchen aus, wie sie sonst ist, die »unmögliche Prinzessin von Wales« – und sie steh'n sich die

Füß' in den Bauch, um was von ihr zu sehen, wenn sie in die Equipage einsteigt oder aussteigt ...

Aber damit Du nicht durcheinander kommst, fang' ich beim Anfang an: SIE heißt Karoline und ist die Tochter vom Herzog von Braunschweig, schön war sie nie – die Figur wie ein Dragoner und das G'sicht wie eine Bulldogge – damit hatt sie gut nach England gepaßt, wohin sie ihr tüchtiger Vater verheirathete, anscheinend machte sie da mit ihren bereits 26 Lentzen die beste Partie von gantz Britannien, aber jetzt erinnerst Du Dich sicher an diese »Hochzeit des Jahrhunderts«? Ja, sie hatt ihren Cousin, den englischen Thronfolger, geheirathet! Ob sie sich Illusionen über's Eheglück machte, weiß ich nicht, dem Thronfolger gefielen bekanntlich die Mentscher besser als ein standesgemäßer Umgang, sicherlich heirathete er nur aus Staatsraison, und da sollte die schiache Karoline den lebenslustigen George zum Treusein bekehren? Seine Mätresse Nummer 1, eine Fitz-Herbert, hat er angeblich »daneben« heimlich geheirathet.

Er und die Karolin' haben sich nicht einmal auseinander leben können, weil sie bereits die Flitterwochen nicht zusammen verbrachten, nachher wollte sie George »auf's Land« schikken, um sich nicht länger mit ihr zu belasten.

Diesen Affront hat sie sich nicht bieten lassen, sie blieb am Hof, wo sie alle geschnitten haben, und sie war so verletzt, daß sie sich eigenartig rächte: sie zog Männerkleidung an, trank viel Whisky und – vernaschte die Stallburschen! Sie war so durch und durch unmöglich, daß ihr schließlich ein Vermögen angeboten wurde, wenn sie dem schönen Albion, möglichst für immer, ihren Rücken kehre. Karolin' nahm an: schon vorher reich, kassierte sie das Vermögen und unternahm zuerst einmal eine Weltreise, auf der sie es mit Männern aller Rassen so getrieben haben soll, daß unsereins rot wird, hört man davon – no ja, unsereins hört so etwas und denkt sich einiges, aber unsereins kriegt ja schon ein Kind, wenn unsereins mehr thut, als an solche Sachen nur zu denken – die Karolin' hat nie ein Kind bekommen, also ich versteh's nicht, aber so ungerecht geht's eben zu.
Weil aber auch die schiachste Frau mitsamt ihrem Geld Liebe sucht, fand Karolin', die sich in Mailand etablieren wollte, ein Nixerl von einem verbummelten Studenten französischer Herkunft, der sich sein Brot als Stallknecht verdiente. Große Liebe, eigentlich rührend, 23 Jahre ist das Bürscherl alt, sie ist in den Dreißigern – aber solche Altersunterschiede dürfen sich ja nur Männer leisten, die auch 50 unterschiedliche Dezennien riskieren – erinnerst Dich an

Kaunitz-Rietberg? Er war 75, die neue Gemahlin war 23, und als man ihn fragte, ob er Befürchtungen wegen des Altersunterschiedes hätte, sagte er: »Ja, in zehn Jahren ist meine Jeanette 33, und ich habe Frauen über 30 nie ausstehen können . . .«

Aber zurück zu Karoline und ihrem Geliebten: sie erhob ihn zum »Barone della Franchina« – mit dem Malteserkreuz für besondere Verdienste –, so etwas ist für die englische Thronfolgerin, die sie noch immer ist, keine Affair'. Sie etablierte sich in Mailand, doch ihr Barone della Franchina durfte nicht einreisen in unser schönes Heimathland: man wollte sich keinen diplomatischen Ärger mit England anfangen, die Liaison: Prinzessin-Stallbursche war skandalös! Karoline fuhr daraufhin nach Wien, um beim Kaiser um Audienz anzusuchen. Das war im April, und alle sind aus dem Häuschen geraten, weil diplomatische Verwicklungen drohten: die Prinzessin von Wales und ihr Stallbursche, der englische Thronfolger und sein Ansehen – Metternich und der englische Gesandte gingen auf Jagd: ob miteinander, weiß ich nicht, in Wien war aber keiner von beiden!

Während Karoline auf die Audienz wartete, die ihr die Einreise für den Malteserritter ihres Herzens erbringen sollte, ging sie neulich zur Vorstellung ins Kärnthnertortheater. In wessen

Loge sie saß, weiß ich nicht, verzeih, die Schwarzenbergische war es nicht, weil die g'rad renoviert wird: 400 Gulden für ein bißl Stoff, und die Handwerker werden nie fertig, aber die Schwarzenbergischen sitzen eh nur bis zur Pause drinnen, weil sich's sonst mit dem Abendessen nicht ausgeht. Ich vermuthe, es war eine von den Liechtenstein-Logen, in der die Karolin' saß, und so ist es zum Skandal gekommen, über den jetzt gantz Wien redet ...
Karoline hatte wundervollen Schmuck angelegt, aber das war's nicht; worauf alle schauten, statt auf die Bühne, was für ein Stück gegeben wurde, weiß ich nicht – worauf sich alle Gucker richteten, das war Karolines G'wandl! Sie trug einen weißen Seidenanzug, über die Schenkel so ein Nixerl von Rockandeutung, aber darunter eine seidene, lange Hose! Was g'spielt wurde, hat keinen mehr interessiert: die englische Kronprinzessin ist in Hosen ins Theater gegangen – das war die Sensation!
Darüber wird seither geredet, und deshalb rennen die Leut' zur »Kaiserin von Österreich« und schmeißen mit den Trinkgeldern herum. Metternich soll schon bei ihr gewesen sein, um ihr beizubringen, daß sie der Kaiser nicht in Audienz empfangen will – ob's diplomatische Verwicklungen geben wird?

Mir imponiert die schiache Karolin' mit ihren Hosen und ihrem Stallburschen – die traut sich was!
Wie Du weißt, hat meine Pauline den Wrbna geheiratet, aber was Du nicht weißt: sie schrieb mir von der Hochzeitsreise aus Venedig einen Brief. »Maman!« schrieb sie, »muß ich mich schämen, weil mir die Ehe so gut gefällt? Es ist wunderschön, verheiratheth zu sein!« Sie schrieb noch Einiges, das mich mit Sorge erfüllt, weil der Wrbna bei meiner Pauline da vielleicht Hoffnungen erweckte, die eine Ehe gantz und gar auf die Dauer nicht erfüllen kann, mag es auch bei den Eheleuthen von heute anders sein als bei uns! Bei uns läuft's im gewohnten Gang, meine Kleinen werden größer und frecher, und Carl-Joseph feierte seinen 70. Geburtstag mit vielen Ehrungen. Als er sich, wie es seine Gewohnheit geworden ist, nach Tisch niedergelegt hat, sagte mein Ferdinand – 14 wird er – »der Papa steigt ins Grab.« Carl-Joseph hatt es glücklicherweise nicht gehört. Ich mache mir jetzt auch manchmal Gedanken übers Altwerden, ich bin ja schon vierzig, und manchmal meine ich, daß es ungerecht ist, nur uns Frauen vorzuhalten, daß WIR alt werden, während die Männer ewig jungbleiben wollen! Lori, Liebste, ich höre, daß Dein Mann zur Rückkehr nach Wien vorgesehen ist: so wächst über manches

Gras, und nur Kamele fressen es weg! Eure feindlichen Kamele scheinen jetzt anderes Gras zu fressen. Lori, hoffentlich kömmst Du bald!

Deine Marie-Sophie

ANSELM RITTER V. FEUERBACH: »Aktenmäßige Darstellung merkwürdiger Verbrechen«, 3. Auflage – einzig vollständige Originalausgabe. Mit einer Einleitung von C. J. A. Mittermaier, Georg Friedr. Heyer's Verlag, Frankfurt/M. 1849
DR. W. HÄRING (W. ALEXIS)/DR. J. E. HITZIG: DER NEUE PITAVAL, Leipzig, F. A. Brockhaus, 1858)
J. FÜRSAUER: »Sittengeschichte d. bürgerlichen Zeitalters«, Günther Verlag, Stuttgart 1967
HEINZ POLITZER: »Grillparzer oder das abgründige Biedermeier«, 1972, Molden, Wien-München-Zürich
AUGUST GRAF DE LA GARDE: Gemälde des Wiener Kongresses 1814–1815, neu herausgegeben von Dr. Hans Effenberger, Wien-Leipzig, Verlag Brüder Rosenbaum, 1912
A., GRAF THÜRHEIM: »Fürst de Ligne« (Monographie), Wien 1877
J., GRÄFIN DE CASTELLANE: »Souvenirs de la duchesse de Dino«, Paris 1909
FRÉDÉRIC LOLIÉ: »Tallyrand et la société européenne«, Paris 1911
GRAEFFER: »Kleine Wiener Memoiren«
KIRCHEISEN: »Die Frauen um Napoleon«, Georg Müller, München

FÜRSTIN MELANIE METTERNICH: »Tagebücher«
ANTON, RITTER VON SCHALLHAMMER: div. Manuskripte und Beilagen, im Besitz d. SMCA Salzburg, Handakten des Wiener Sicherheitsbüros, Briefe aus Privatbesitz. Versch. Zeitschriften d. Epoche.